CW00504106

MÉMOIRE

POUR

LA CHAMBRE DES COMPTES

DE DAUPHINÉ,

CONTRE

LE PARLEMENT

DE LA MÊME PROVINCE.

A GRENOBLE,

De l'Imprimerie de la Veuve FAURE & Fils, Imprimeurs
du Roi & de la Chambre des Comptes.

M. DCC. LXIX.

MÉMOIRE

POUR

LA CHAMBRE DES COMPTES

DE DAUPHINÉ.

CONTRE

LE PARLEMENT

DE LA MÊME PROVINCE.

DANS la contestation soumise à la décision du Conseil, le Parlement de Grenoble ne dissimule point ses vues : il dispute à la Chambre des Comptes toute espece de jurisdiction, & ne veut lui laisser qu'une administration qui se trouvera nécessairement subordonnée à la sienne ; puisqu'il faudra recourir à lui, toutes les fois que par la contestation la plus mal fondée on entreprendra de la dépouiller.

Le projet auquel nous allons opposer & des

A

principes aussi anciens que la Monarchie , & des
Loix que l'on n'a tenté d'enfreindre que depuis quelques années , tend donc à priver la Chambre
des Comptes du pouvoir qui lui est essentiel. Que
l'on dise tant que l'on voudra , que nos Rois ne lui
ont confié qu'une administration ; il faut du moins
que l'on convienne que cette administration est souveraine , & doit par conséquent trouver , dans le
pouvoir qui lui est propre , un moyen sûr d'écarter
tous les obstacles qui pourroient la traverser.

Or ce pouvoir n'est rien , ou il est celui que nous
réclamons sous le titre de jurisdiction. Il est, disons
mieux , une véritable jurisdiction de la même nature
que celle qui appartient à tous les Tribunaux , qui
n'ayant eu dans l'origine qu'une simple administration , se sont nécessairement trouvés juges de tout
le contentieux qui eût pu l'arrêter. Tel est encore
aujourd'hui le pouvoir des Cours des Aides ; tel est
celui des Bureaux des Finances : ces Compagnies
n'eurent dans leur origine qu'une simple administration ; mais elle eût été inutile si nos Rois n'y eussent
joint la jurisdiction , qui pouvoit seule faire respecter
& exécuter les actes des administrateurs.

Nous nous hâtons d'annoncer le principe, qui seul
peut répandre la plus grande lumiere sur une matiere
que l'on n'a que trop cherché à obscurcir. Nous ne
voulons ici ni calomnier les intentions du Parlement,
ni même blâmer ses vues : nous ne dirons point que ces

Compagnies, juftement énorgueillies du bien qu'elles ont fait, ont voulu porter au-delà des bornes une autorité devenue chere aux peuples. Il eft dans l'homme de chercher à s'accroître & à s'agrandir ; mais il y eft également de difputer fon exiftence à quiconque veut la détruire : & lorfque cette exiftence eft l'ouvrage des Loix, lorfqu'elle eft un dépôt dont on doit compte au Souverain, à la nation, à la poftérité, ce vœu fi naturel devient le devoir le plus facré des Magiftrats.

Tel eft le point de vue général fous lequel le Légiflateur doit envifager la queftion importante que nous allons traiter. Dans la thefe particuliere il s'agit de favoir fi un réglement contradictoire, du 6 Octobre 1691, qui a maintenu la Chambre des Comptes de Grenoble dans le droit de juger, & prononcer la commife, & dans celui de juger les oppofitions aux preftations de foi & hommage, ainfi que toutes les conteftations incidentes aux matieres de fa compétence, doit être regardé comme nul & non avenu, parce qu'il plait au Parlement de Grenoble de s'attribuer à lui-même une compétence exclufive fur ces matieres. Commençons par l'expofé des faits qui ont donné lieu à la conteftation.

F A I T.

On prévoyoit en 1753 la vente volontaire ou forcée de fix Terres, que M. l'Evêque de Die

croyoit être dans fa mouvance, quoiqu'il foit au-
jourd'hui prouvé qu'elles font dans celle du Roi.
Cette queftion fi importante en effet, fon Procureur
Général en la Chambre l'a fait décider au profit de
Sa Majefté ; & la conteftation préfente fufpend feule
l'exécution de notre Arrêt.

Ces Terres étoient celles de Guifans, Gumiane,
Paris, Merlet, Saint-Nazaire, & Montanegue.
M. l'Evêque de Die n'avoit point de titres, &
croyant les avoir perdus, il fe flata de fe procurer
du moins un jugement qui les fuppléât ; il préfenta
le 7 Juillet 1753 une Requête à la Chambre des
Comptes de Grenoble, tendante à faire décharger
les prétendus vaffaux de fon Evêché des hommages
& dénombrements qu'ils avoient autrefois rendus au
Roi pour quatre-vingt-cinq terres, qu'il foutenoit
être dans la mouvance de fon Evêché.

Les termes de cette Requête annonçoient, comme
on le voit, que le Roi étoit en poffeffion de la fuzeraineté, puifque c'étoit à lui qu'avoient été rendus
les derniers hommages : cependant le même jour
qu'elle fut préfentée, il fut rendu, ou plutôt furpris,
fur les conclufions, il eft vrai, du Procureur Général, une Ordonnance qui contient cette décharge
des vaffaux du Roi de l'hommage rendu pour foixante
de ces terres : une feule fut adjugée à Sa Majefté ;
fur les vingt-quatre autres il y eut un interlocutoire
prononcé : mais au nombre de ces foixante étoient

les fix dont M. l'Evêque de Die prévoyoit l'adjudication ; & c'étoit tout ce que fouhaitoit ce Prélat.

Le 7 Août fuivant il prêta lui-même hommage à la Chambre pour la fuzeraineté de toutes ces Terres, avec des proteftations pour raifon de celles qui avoient donné lieu à l'interlocutoire. Le Procureur Général fit fes proteftations contraires.

Les fix Terres dont nous avons parlé plus haut, ne furent adjugées qu'en 1761 ; & le 27 Juillet de cette année, le fieur Desfourniels qui en étoit acquéreur fut affigné au Parlement à la Requête de M. l'Evêque de Die, pour fe voir condamner à prêter hommage, & à payer les droits de mutation. Le principal titre qu'il produifit fut cette Ordonnance de la Chambre des Comptes du 7 Juillet 1753, & l'hommage qu'il avoit prêté lui-même le 7 Août fuivant.

Avant que d'expofer ici la conduite du fieur Desfourniels fur cette affignation, il eft néceffaire de faire connoître au Confeil ce qui s'eft paffé depuis 1753 à la Chambre des Comptes même, relativement à cette Ordonnance, par laquelle on voudroit aujourd'hui dépouiller Sa Majefté des plus précieufes mouvances qu'elle ait en Dauphiné.

Le Procureur Général du Roi n'avoit pas été long-temps fans s'appercevoir que ce Jugement de la Chambre avoit été trop légérement prononcé. Dès 1756 il avoit forcé le fieur de Blacon de rendre au Roi l'hommage de la Seigneurie de Mirabel, quoiqu'elle eût été comprise au nombre des Terres que M. l'Evêque de Die prétendoit relever de son Evêché. Le fieur de Blacon, affigné dans la fuite pour préfenter fon dénombrement, allégua l'Ordonnance de la Chambre du 7 Juillet 1753. Ce fut pour le Procureur Général une occafion d'en examiner de nouveau les difpofitions : il n'eut pas de peine à reconnoître qu'elle avoit été meurtriere pour la mouvance du Roi, & rendue fans examen. Les titres anciens dont il fit la recherche, le convainquirent que les droits du Souverain avoient été abandonnés : & comme en pareille matiere on ne peut jamais oppofer de fin de non-recevoir au miniftere public, il forma lui-même une oppofition générale à cette Ordonnance de 1753, & demanda qu'avant faire droit fur les demandes du fieur de Blacon, il fût ftatué fur l'oppofition que lui-même venoit de former au feul titre, que puffent produire tous les anciens vaffaux du Roi qui vouloient s'affranchir du lien féodal. Cet avant faire-droit fut prononcé le 26 Mars 1765.

Le 28, l'oppofition du Procureur Général fut reçue, il lui en fut donné acte, & ordonné en même temps qu'à fa Requête M. l'Evêque de Die feroit affigné pour foutenir fa mouvance.

Celui-ci, fur l'affignation qui lui fut donnée en vertu de cette Ordonnance, s'eft préfenté en la

Chambre, & l'inftance s'eft trouvée liée avec lui. Sans prévenir ici le Jugement qui doit être prononcé fur cette importante conteftation, on fe contentera d'annoncer que M. le Procureur Général a entre les mains une multitude de titres & d'actes féodaux, par lefquels il promet d'établir que la plupart des Terres que M. l'Evêque de Die a foutenu être dans fa mouvance, ne relevent & ne peuvent relever que du Roi. Après cette déclaration il n'eft pas étonnant que tous ces poffeffeurs de Terres faffent des vœux pour le fuccès du conflit que le Parlement a élevé : en effet, cette Cour fouveraine, qui n'a ni vu ni examiné aucuns des titres qui font en la poffeffion du Procureur Général, a déjà jugé la queftion de mouvance en faveur de M. l'Evêque de Die. Revenons maintenant à ce qui s'eft paffé au Parlement entre lui & le fieur Desfourniels ou fes héritiers.

Affigné pour prêter l'hommage des Terres qu'il avoit acquifes, le fieur Desfourniels fe défendit en déclarant le 22 Juillet 1762, qu'il formoit oppofition à l'Ordonnance du 7 Juillet 1753, & à tous les Arrêts que la Chambre des Comptes avoit pu rendre, pour enlever au Roi la mouvance des Terres dont il s'agiffoit. Le 27 Août fuivant, il réitéra fon oppofition par une Requête précife; & il lui fut permis en conféquence d'affigner toutes les Parties qui pouvoient y avoir intérêt.

Cet acquéreur ne fe contenta pas de cette oppo-fition formée au Parlement incidemment à la de-mande de M. l'Evêque de Die : il vint le 19 Sep-tembre 1763 préfenter Requête à la Chambre, & y former une oppofition directe à cette même Or-donnance de 1753. Le 8 Octobre fuivant il y fit affigner le Prélat, pour procéder fur cette oppofi-tion ; mais le décès du fieur Desfourniels ayant fuivi de près cette procédure, la demande fut renou-vellée en la Chambre par fa veuve & par fes héritiers, qui y affignerent M. l'Evêque de Die en reprife d'inftance.

Celui-ci fe préfenta fur l'affignation, & donna le 5 Juillet 1764 une Requête, par laquelle, fans décliner la jurifdiction de la Chambre, il déclara que lorfque fon procès au Parlement feroit jugé, & que fes titres feroient libres, il contefteroit par-devant elle : il ajouta que fi le procès y eût com-mencé, elle eût dû juger la premiere ; mais que la queftion fe trouvant déjà liée au Parlement, & prête à y être décidée, il étoit jufte de furfeoir toutes les pourfuites en la Chambre, jufqu'à ce que cette Cour fouveraine eût prononcé.

Cette exception dilatoire parut jufte, & de plus ne pouvoit préjudicier aux droits du Roi. En effet, ils étoient en fûreté fi le Parlement prononçoit en faveur de la mouvance du Souverain ; s'il décidoit contr'elle, les titres qu'avoit entre les mains M. le

Procureur

Procureur Général, le laiſſoient toujours le maître de faire réparer l'injuſtice, en recourant aux voies preſcrites par les Ordonnances : il ſavoit que ſon miniſtere eſt toujours écouté lorſqu'il s'agit de l'intérêt du Souverain, & que pour le faire valoir il peut exhiber des pieces qui n'ont point encore été vues.

Cette procédure commencée en la Chambre étoit donc, qu'il nous ſoit permis d'uſer de ce terme, une pierre d'attente qui pouvoit être le fondement d'un rempart très-utile à la mouvance du Roi ; & l'on ſe convaincra même de ſa néceſſité, lorſque l'on ſaura que le 6 Septembre 1764, le Parlement rendit un Arrêt définitif, par lequel, *ayant aucunement égard à l'oppoſition formée par les ayants-cauſe du ſieur Desfourniels*, il adjugea à l'Evêché de Die la mouvance de cinq des Terres acquiſes par le ſieur Desfourniels, & ordonna que l'on conteſteroit plus amplement ſur la ſixieme.

Cet Arrêt étoit certainement un jugement reſpectable, & ſi l'on veut, un titre en faveur de M. l'Evêque de Die ; mais il n'étoit point une loi irréfragable contre le Roi ; & s'il étoit évident à ſon Procureur Général en la Chambre qu'il avoit jugé contre les titres mêmes de Sa Majeſté, que le Parlement n'avoit point connus, le Roi devoit avoir un moyen de recouvrer ſes droits, & ſes Officiers des formes pour les faire valoir.

B

Ce fut dans cette vue que le 28 Mars 1765 M. le Procureur Général en la Chambre des Comptes forma une opposition générale à l'Ordonnance de 1753, & fit affigner M. l'Evêque de Die, qui fe préfenta fur cette affignation, & ne déclina point la jurifdiction de la Chambre. Il avoit pour lui un Arrêt du Parlement ; il étoit le maître de le faire valoir : c'étoit un titre qu'il étoit jufte de lui laiffer produire, mais contre lequel le miniftere public avoit tous fes moyens de droit, comme les héritiers Desfourniels avoient eu au Parlement les leurs contre l'Ordonnance de 1753 que le Prélat leur avoit oppofée.

Ces héritiers revinrent alors à la Chambre pour y fuivre l'oppofition & la demande qu'ils y avoient formée en 1764, & fur laquelle M. l'Evêque de Die n'avoit propofé qu'une exception dilatoire, qui ne pouvoit plus être alléguée après l'Arrêt du Parlement.

La caufe communiquée au Procureur Général, il demanda par une Requête précife à y être reçu partie intervenante pour l'intérêt du Roi, & rappella l'oppofition déjà formée par lui à l'Ordonnance de 1753, qui faifoit le principal titre de l'Evêché de Die. L'intervention de M. le Procureur Général fut reçue par Arrêt du 14 Février 1766.

L'inftance fut donc inftruite entre lui, M. l'Evêque de Die, & les héritiers du fieur Desfourniels.

Le Procureur Général compofa fa production

d'une foule de titres de mouvance que le Parlement n'avoit point vus, & par lefquels il fut démontré que les Terres, fur lefquelles M. l'Evêque de Die vouloit ufurper la fuzeraineté, avoient toujours relevé du Roi ; il conclut donc à ce qu'elles fuffent déclarées être dans fa mouvance, & les héritiers Desfourniels condamnés à lui en rendre hommage en la Chambre.

Le Prélat fe contenta de faire fignifier l'Arrêt du Parlement qui lui avoit adjugé la mouvance ; & fans retracter les premieres exceptions qu'il avoit déjà préfentées, mais dont le motif étoit ceffé, il ne fe défendit que par des fins de non-recevoir. Il avoit reconnu la compétence de la Chambre, & ne lui avoit d'abord demandé que du temps. Il la reconnut encore pour Juge ; mais pour établir fon droit, il ne produifit devant elle que l'Arrêt du Parlement. Le Prélat avoit fans doute déjà vu, & fait examiner par fes Confeils les titres foudroyans que le Procureur Général avoit à oppofer à fes prétentions.

L'inftance fut jugée par forclufion contre lui le 28 Juillet 1766 ; & par un Arrêt rendu fur le vu des titres que l'on voudroit faire perdre de vue aujourd'hui, les fix terres acquifes par le feu fieur Desfourniels furent déclarées relever immédiatement de Sa Majefté, fans préjudice de l'oppofition du Procureur Général pour le furplus des terres comprifes dans l'Ordonnance du 7 Juillet 1753.

Voilà, comme on le voit, deux Arrêts rendus l'un

& l'autre par deux Tribunaux très-compétens , mais
dont les difpofitions font abfolument contraires ; l'un
prononce en faveur de M. l'Evêque de Die , l'autre
au profit de Sa Majefté : laquelle des deux Cours a
bien ou mal jugé ? voilà l'unique queftion à laquelle
cette contrariété pouvoit donner lieu ; & on n'en eut
point élevé d'autre, fi l'on n'eût confulté que l'intérêt
de la Juftice, auquel eft toujours fubordonné l'intérêt du Souverain lui-même , quelque précieux qu'il
puiffe être.

Nous ajouterons cependant que comme il s'agiffoit
ici de rendre au Roi ce qui lui appartient , & que
le combat de fief s'élevoit entre lui & l'un de fes
vaffaux ; la nature de la queftion devoit porter des
Magiftrats fidéles à empêcher fur tout qu'on ne lui
fît changer d'objet.

On connoît , & les Ordonnances ont prefcrit les
formes dans lefquelles les parties doivent fe pourvoir en contrariété d'Arrêt : on fait qu'alors le Roi
ou juge lui-même la queftion , ou la renvoie devant
une Cour Souveraine neutre & impartiale. Si l'on
eût pris cette route , les chofes feroient en regle ; &
nous ofons dire que le Roi auroit déjà gagné fa caufe,
fans que nous euffions la nôtre à défendre.

Comment fe fait-il donc que non feulement on
ait abandonné l'intérêt du Roi, pour ne s'occuper
que des prétentions de deux Compagnies, auxquelles
cet intérêt eft fans doute également cher ? Comment

le Parlement a-t-il voulu dénaturer une queſtion, que l'intérêt du Domaine Royal, dont il ſe dit ſeul chargé, devoit l'engager à laiſſer ſubſiſter dans ſon premier état?

L'oubli des droits de la Souveraineté n'eſt pas même ici le ſeul inconvénient que vont préſenter les procédures dont il nous reſte à rendre compte. L'intention du Parlement n'a été que de défendre ſes prétentions; & cependant par le fait & contre ſes intentions, les mouvances Royales ont été ſacrifiées: car ſans parler de l'Arrêt du 6 Septembre 1764, qui tranſporte à M. de Die des Seigneuries qui n'appartiennent qu'au Roi, le dernier Arrêt du Parlement rendu poſtérieurement au nôtre, & conforme aux concluſions de ce Prélat, n'annonce que trop que ſi nous perdons notre cauſe, le Roi aura irrévocablement perdu la ſienne. Voyons ce qui s'eſt paſſé depuis l'Arrêt de la Chambre, qui la lui a fait gagner.

Trois jours après ſa prononciation, on préſenta au Parlement, ſous le nom de M. l'Evêque de Die, une Requête imprimée (car toutes les fois qu'il s'agit de flater les prétentions des Cours, ce n'eſt plus au Légiſlateur que l'on s'adreſſe dans le ſecret de ſes conſeils; c'eſt au public que l'on parle; ce ſont les préjugés des peuples que l'on invoque; c'eſt la multitude que l'on veut échauffer). (a) Dans cet écrit

---

(a) Cet écrit, ſigné Parli, Avocat, étoit un libelle indécent, & une véritable déſlation contre la Chambre: c'eſt celui contre lequel elle s'eſt crue enſuite obligée de ſévir.

public, l'Auteur attaquoit la jurifdiction de la Chambre, fe permettoit contr'elle des invectives & des
injures, & déclamoit contre l'audace qu'elle avoit
eue de juger fur des titres, & de ne pas refpecter
la décifion du Parlement qui ne les avoit pas vus :
M. de Die concluoit à être déchargé de l'affignation
qui lui avoit été donnée à la Requête du Procureur
Général en la Chambre, & à ce que l'oppofition
des héritiers Desfourniels à l'Ordonnance de 1753,
fût déclarée nulle. On connoît affez l'intérêt de ce
Prélat. L'Arrêt de la Chambre le privoit de 63000 liv.
de lods & ventes.

Le 31 Juillet fa Requête eft répondue par une
Ordonnance conforme à fes conclufions; il la fit
fignifier & au Procureur Général en la Chambre des
Comptes, & aux Propriétaires des fix Terres.

Le 11 Août, Arrêt de la Chambre rendu fur la
Requête du Procureur Général, & qui fans s'arrêter
à l'Ordonnance du Parlement, ordonne que l'Arrêt
du 28 Juillet fera exécuté fuivant fa forme & teneur.
Il fut enjoint aux Parties de s'y conformer, & au
Procureur Général d'y tenir la main; il fut ordonné
au furplus que l'on continueroit de procéder en la
Chambre fur l'oppofition formée par le Procureur
Général à l'Ordonnance de 1753.

Il faut obferver en effet que l'Arrêt rendu entre
M. le Procureur Général, M. l'Evêque de Die, &
les héritiers Desfourniels, ne décidoit pas toutes les

queſtions que la Chambre devoit examiner dans l'inſtance à laquelle cette oppoſition du Procureur Général donnoit lieu. Nous avons déjà dit qu'il s'agiſſoit de plus de quatre - vingt Terres, dont on avoit enlevé au Roi la mouvance.

Par deux déciſions ſi contradiฺctoires, & par les défenſes mutuelles de procéder ailleurs que devant la Cour qui les prononçoit, le conflit étoit formé ; & l'Ordonnance vouloit que les deux Procureurs Généraux envoyaſſent leurs Mémoires à M. le Chancelier. Mais le Parlement crut devoir ſe permettre encore un Arrêt ; & comme celui-ci étoit hors de regle, il fut une véritable hoſtilité : par cet Arrêt qui eſt du 28 Août, M. l'Evêque de Die fut déchargé des condamnations prononcées contre lui ; il fut défendu aux héritiers Desfourniels d'exécuter l'Arrêt de la Chambre, c'eſt-à-dire, de rendre au Roi l'hommage des Terres qui ſont dans ſa mouvance, & cela ſous peine de voir informer contr'eux, c'eſt-à-dire, d'être pourſuivis extraordinairement. Pareilles défenſes, & ſous les mêmes peines, furent faites à toutes ſortes de perſonnes ; & l'on ordonna même l'information contre l'Huiſſier qui avoit oſé ſignifier à M. l'Evêque de Die l'Arrêt du 28 Juillet. Ce Jugement étrange fut affiché & à Grenoble, & dans preſque toutes les Villes de la Province. On informa enſuite contre le malheureux Huiſſier, qui, chargé de ſignifier un Arrêt, ne s'étoit point cru juge de la compétence de ceux qui l'avoient rendu.

Le Parlement qui se dit aujourd'hui la seule Cour féodale du Roi comme Dauphin, n'auroit-il point dû se rappeller que ce démêlé entre deux Compagnies étoit en même temps un combat de fief entre le Roi & un Evêque, & que dans ces sortes de combats la provision est toujours due à la mouvance du Souverain? On ne devoit donc pas décharger M. l'Evêque de Die des condamnations prononcées contre lui ; on ne devoit pas menacer les héritiers Desfourniels de les traiter comme rebelles, s'ils prêtoient au Roi la foi qui lui est dûe. A tout prendre, puisque ce dernier Arrêt étoit inutile pour former le conflit, on devoit se rappeller que dans la position des deux Compagnies, il ne pouvoit manquer d'être indécent.

La Chambre des Comptes défendoit les intérêts du Roi, & ne les défendit qu'en s'attachant aux regles. Sa cause n'avoit pas besoin d'efforts. Elle ne rendit pas un second Arrêt ; elle se contenta de faire un arrêté.

Mais comme dans cet arrêté, qui est du 23 Septembre 1766, il est également question d'un incident relatif à une autre hostilité du Parlement sur laquelle le Conseil doit prononcer ; il est nécessaire de rappeller ici en peu de mots les circonstances qui y ont donné lieu.

Nous avons déjà parlé de cette Requête donnée
au

au Parlement fous le nom de M. l'Evêque de Die,
& fignée *Reguis Avocat.* L'indécence & la baffeffe
des infultes que fon Auteur s'étoit permifes, avoient
foulevé tous les efprits. L'Orateur Dauphinois avoit
voulu imiter l'emphafe de ces déclamations, qui
depuis quinze ans dégoûtent les Parlements de s'entendre louer ; & cependant il avoit cité beaucoup
plus de paffages d'Ovide & de Virgile, que de difpofitions des Capitulaires. Cet Ouvrage, tiffu informe
& d'injures groffieres & de plates épigrammes contre
une Compagnie refpeƈtable, avoit été imprimé &
diftribué dans toutes les maifons de Grenoble, avant
qu'il fût préfenté comme Requête.

Le Procureur Général en la Chambre crut d'abord
que le Parlement le fupprimeroit ; lorfqu'il vit au
contraire qu'il étoit non feulement accueilli, mais
applaudi, il crut devoir le déférer à la Chambre,
à qui certainement le Roi a donné un pouvoir fuffi-
fant pour fe défendre elle-même de l'infulte, & pour
la punir.

Sur cette dénonciation qui fe fit le 12 Août, la
Chambre ordonna que Reguis Avocat feroit mandé
pour avouer ou defavouer fon écrit & fa fignature.
Averti par l'Huiffier porteur de cet ordre, il ne com-
parut point ; & le 13 il intervint Arrêt qui ordonna
la lacération de l'Imprimé, prononça contre Reguis
l'interdiƈtion de toutes fonƈtions en la Chambre, le
déclara déchu des privileges qu'elle accorde aux

C

Avocats Confiftoriaux, & le condamna à aumôner aux Pauvres de l'Hôpital la fomme de cinquante livres.

Cet Avocat fe pourvut au Parlement. Il y obtint le 28 Août 1766 Arrêt qui le maintient dans l'intégrité de fon état, & dans le droit d'exercer fa profeffion *pardevant la Cour & dans toute l'étendue de fon reffort.* Si le Parlement ne veut rendre que des Arrêts qui foient exécutés, il pouvoit fans doute s'épargner celui-là ; car ce que la Chambre des Comptes a ôté à Reguis, il eft impoffible au Parlement de le lui rendre ; à moins qu'il ne puiffe forcer une Cour Souveraine indépendante à entendre plaider devant elle un Avocat par qui elle a été infultée. Qu'il nous foit permis feulement de faire ici une réflexion en paffant. Le Parlement qui veut donner aux Avocats le droit de plaider devant la Chambre des Comptes, croit donc du moins que l'on peut plaider devant elle : comment conciliera-t-il cette idée avec ce fyftême qui nous refufe toute efpece de jurifdiction contentieufe ? Avouons-le, c'eft que ce fyftême, fi contraire à l'immémoriale poffeffion des deux Cours, n'étoit point encore imaginé, lorfque Reguis implora le fecours du Parlement.

Au refte, comme ce ne font point les écarts de cette Compagnie que nous avons à réformer, mais fes prétentions que nous avons à combattre, l'Arrêt par lequel on prétend rétablir cet Avocat, & on ne le rétablit point, n'auroit mérité aucune attention de notre part, fans un Arrêt poftérieur qui annonce une nouvelle entreprife contre la Chambre. En effet, le 6 Septembre fuivant, & fur les conclufions du Procureur Général au Parlement, cette Cour déclara nulles & attentatoires à fa Jurifdiction les difpofitions qui avoient ordonné la lacération du libelle, & puni fon auteur. Celui-ci fut déchargé des condamnations prononcées contre lui ; il fut défendu à tous les Huiffiers d'exécuter l'Arrêt de la Chambre, à peine de punition exemplaire ; & cet acte d'autorité fi contraire au bon ordre, fut imprimé & affiché avec oftentation dans toute la Province. Ainfi dégénerent en querelles que la paffion ne manque jamais d'échauffer, des différents dans lefquels des Magiftrats devroient imiter l'impartialité de la Loi. Ce fut, nous ofons le dire, le feul intérêt de celle-ci qui détermina la Chambre des Comptes de Grenoble à fe contenter, contre tant d'entreprifes, d'un fimple arrêté qui les déféra toutes à la fageffe & à la juftice du Légiflateur : il fut dit que dans le mois le Procureur Général fe retireroit pardevers le Roi, pour le fupplier de faire ceffer le trouble apporté par le Parlement à l'exercice de la jurifdiction de la Chambre.

Conformément à cet arrêté du 23 Septembre, le Procureur Général a préfenté fa Requête à Sa

Majesté : il a conclu à ce que les articles 3 2 & 3 5
de l'Arrêt de Réglement du 6 Octobre 1691,
fussent exécutés, & qu'en conséquence la Chambre
fût maintenue dans le droit & la possession de juger
les oppositions formées aux actes de foi & hommage, & aux Arrêts par elle rendus sur cette matiere ; qu'il fût fait défenses au Parlement de l'y
troubler ; que les Arrêts de cette Cour des 3 1
Juillet & 2 8 Août 1766, fussent cassés & annullés;
& qu'il plût à Sa Majesté ordonner l'exécution de
ceux de la Chambre, sauf à M. l'Evêque de Die
à se pourvoir réguliérement contre celui du 2 8
Juillet.

Sur cette Requête il y eut Arrêt du Conseil qui
en ordonna la communication à M. l'Evêque de Die,
aux héritiers du sieur Desfourniels, & au sieur de
Blacon.

Mais sur les représentations du Parlement, il a été
rendu un second Arrêt le 1 7 Mars 1767, par lequel
Sa Majesté a disjoint de l'instance qui n'intéressoit
qu'Elle, & qui vraisemblablement demeurera sans
poursuite, la contestation que le Parlement regarde
comme son affaire propre, c'est-à-dire, la question
de sa compétence. Il a été dit par Arrêt que les
demandes concernant l'exécution des art. 3 2 & 3 5
du Réglement de 1691, & tout ce qui peut concerner
la juridiction sur les matieres féodales, seroient instruites par mémoires entre les Procureurs Généraux

des deux Cours, & pardevant la Commiſſion que le Roi a nommée à cet effet.

Nous avons demandé par une Requète préciſe que l'on traitât également devant elle l'incident qui s'eſt élevé ſur la queſtion de ſavoir, ſi la Chambre peut punir un Avocat qui l'outrage. Sur cela le Parlement ayant fait la plus grande difficulté de prendre la Commiſſion pour Juge, on a bien voulu ne point rendre Arrêt qui joignît nommément cet incident au principal : mais M. le Rapporteur, ſur l'avis de MM. les Commiſſaires, a eu la bonté de dire au Député de la Chambre, que ſans qu'il fût beſoin d'un nouvel Arrêt, cette conteſtation qui offre également une queſtion de pure compétence, ſeroit traitée devant les mêmes Commiſſaires, & jugée par le même Arrêt définitif.

Commençons par la queſtion qui fait l'objet principal du procès, & réduiſons-la à ſes véritables termes.

Ce n'eſt point la Chambre des Comptes qui diſpute au Parlement ſon pouvoir; c'eſt le Parlement qui veut dépouiller la Chambre de la juriſdiction dont elle a toujours joui, & qui vient ſoutenir en termes formels, que dans le moment où l'hommage du Roi eſt conteſté, ſoit par le vaſſal, ſoit par celui qui ſe prétend ſuzerain, le Procureur General en la Chambre ceſſe d'être leur légitime contradicteur; & que la Chambre perdant toute eſpece de pouvoir, eſt

Réduction de la queſtion à ſon véritable état.

alors obligée de renvoyer au Parlement la queſtion qui naît devant elle. Telle eſt au juſte la prétention de nos adverſaires.

En fixant ainſi l'état de la queſtion, nous écartons tous les raiſonnements par leſquels le Parlement, dans le Mémoire que nous allons combattre, a voulu la dénaturer. Il ſoutient en effet, & perſonne ne lui diſpute, que lorſque dans une conteſtation portée devant lui, l'une des Parties ſe défend par un Arrêt rendu dans une autre Cour, & ſuſceptible d'oppoſition, celle qui croit être léſée par ce Jugement a droit de prendre cette voie. Voilà le parti qu'a pris le ſieur Desfourniels, & qu'ont pris après lui ſes Héritiers. Leurs oppoſitions étant incidentes à des demandes dont le Parlement étoit juge, il a pu également ſtatuer ſur ces oppoſitions : la Chambre ne lui a point conteſté, & ne lui conteſtera pas ce droit. Auſſi doit-on obſerver que par ſon Arrêt du 28 Juillet 1766, ſi elle a jugé ſur les titres qui ont été produits devant elle, que les Terres dont il s'agit étoient dans la mouvance du Roi, elle n'a ni caſſé ni annullé l'Arrêt du Parlement qui avoit prononcé le contraire. Cet Arrêt n'étoit point irrégulier, quoiqu'il fût injuſte, ou plutôt erroné : le Parlement en jugeant une inſtance dont il étoit réguliérement ſaiſi, n'avoit point entrepris ſur la juriſdiction de la Chambre; & celle-ci en jugeant dans une autre inſtance tout auſſi réguliérement introduite

devant elle, le contraire de ce que le Parlement
avoit décidé, n'avoit point non plus empiété fur fes
droits. Autrement il faudroit dire qu'il y a entreprife mutuelle toutes les fois qu'il y a contrariété
d'Arrêts, ce qui n'eft pas propofable.

Mais de ce que le Parlement mal inftruit avoit jugé
entre M. l'Evêque de Die & les héritiers Desfourniels, que les Terres de ceux-ci étoient dans la
mouvance du Prélat, il ne s'enfuivoit nullement que
la Chambre ne fût pas juge d'une oppofition formée
par M. le Procureur Général à une Ordonnance
de 1753, qui plaçoit dans la mouvance de l'Evêché
de Die foixante terres au moins qui relevent du
Roi.

D'après ces réflexions, il eft vifible que fi le Parlement eût voulu refpeêter les titres qui affurent à
l'une & à l'autre Cour leur compétence réciproque,
& la poffeffion dans laquelle la Chambre n'a jamais
été troublée jufqu'ici, cette queftion n'eût jamais
fait un procès entre les deux Compagnies : toutes
les deux avoient jugé compétemment ; toutes les
deux avoient jugé conformément à leurs lumieres,
& d'après les produêtions des Parties. Mais les deux
Arrêts étoient contraires. Pourquoi ? parce que la
Chambre avoit jugé fur des titres dont elle feule eft
dépofitaire, & que le Procureur Général du Roi
avoit & connus & fait valoir. Que devoit-il donc
arriver ? c'étoit aux Parties à fe pourvoir. L'Evêque

de Die avoit pour lui un Arrêt du Parlement : les héritiers du sieur Desfourniels en avoient un de la Chambre des Comptes. Sur la contrariété d'Arrêts, la question eût été ou discutée au Conseil du Roi, ou renvoyée devant un autre Tribunal. Voilà ce que prescrivoit l'intérêt de la vérité & de la justice, qui se trouvoit ici concourir avec l'intérêt du Souverain.

On doit même être d'autant plus étonné de voir le Parlement élever une question de compétence, qu'ici cette Cour, sans le vouloir, a donné dans le piége que lui a tendu le vassal du Roi, pour éluder le jugement d'un combat de fief avec Sa Majesté. Le devoir des Magistrats, comme Officiers du Roi, comme Juges de ses droits, étoit de dire : nous avons cru que les Terres dont il s'agit étoient dans la mouvance de l'Evêque de Die ; la Chambre des Comptes adjuge cette mouvance au Roi : impartiaux sur la question comme Juges, nous devons souhaiter, comme sujets, que la Chambre ait raison. Notre vœu est porté ; nous sommes dessaisis par le Jugement ; & si la contrariété des deux Arrêts donne lieu d'éclaircir la matiere, & de rendre au Roi ce qui lui est dû, l'intérêt de la justice est ici préférable à la vaine gloire de n'avoir point été trompés. Voilà ce que la Chambre des Comptes attendoit des Magistrats qui composent le Parlement. Mais l'intérêt de M. l'Evêque de Die étoit tout au contraire

d'écarter

d'écarter le véritable objet de la queſtion, & de faire caſſer, fût-ce par un Tribunal incompétent, les Arrêts qui avoient jugé le combat de fief au profit du Roi. C'eſt ainſi qu'il a ſurpris la religion du Parlement lui-même, & a cherché à l'égarer en lui préſentant un faux jour très-différent de la lumiere qui devoit le conduire.

Et en effet quelles ſeroient les ſuites de cette conteſtation, ſi le Parlement venoit à réuſſir ? Son triomphe ſeroit celui de M. l'Evêque de Die ſeul, qui ſe trouveroit avoir irrévocablement gagné ſa cauſe contre le Roi : car ſi les Arrêts de la Chambre étoient déclarés nuls, il n'y auroit plus lieu de ſe pourvoir en contrariété d'Arrêt. Diſons-le avec vérité; c'eſt l'intérêt du Roi que l'on ſacrifie, ſi l'on ſe prête au ſyſtême imaginé pour nous dépouiller.

Réſumons-nous : le Parlement a été compétent pour rendre ſon Arrêt du 6 Septembre 1764 : auſſi n'eſt-ce point celui-là dont la Chambre demande la nullité ; mais il ne l'étoit point pour rendre les Arrêts qui ont caſſé & annullé les nôtres ; à moins que l'on ne regarde ces caſſations mutuelles comme de ſimples proteſtations qui forment le conflit, & ſur leſquelles le Souverain juge enſuite.

Ainſi pour mettre le Conſeil en état de décider, voici nettement les propoſitions de la Chambre ; & nous nous flattons d'en démontrer la vérité.

D

PREMIERE PROPOSITION. La Chambre a été
compétente pour ſtatuer ſur l'oppoſition formée devant elle par le Procureur Général à l'Ordonnance
qu'elle avoit rendue le 7 Juillet 1753. Cette oppoſition & celle formée par les Parties qui s'y ſont
jointes , n'a point dû être renvoyée au Parlement.

SECONDE PROPOSITION. La Chambre a été
également compétente pour réprimer & punir les
inſultes qu'on a oſé lui faire. Elle ne s'eſt point
écartée des regles , & n'eſt pas ſortie des bornes de
ſon pouvoir dans l'Arrêt par lequel elle a fait lacérer
un libelle publié contre elle.

PREMIERE PROPOSITION.

*LA Chambre a été compétente pour connoître de
l'oppoſition ſur laquelle elle a ſtatué par ſon Arrêt
du 28 Juillet.*

IL ſuit de ce qui a été dit plus haut , que nous
avons plutôt à repouſſer les moyens du Parlement
qu'à inſiſter ſur les nôtres. En effet , d'un côté la
Chambre a la poſſeſſion la plus ancienne ; d'un autre
côté cette poſſeſſion eſt fondée ſur les articles précis
d'un Réglement qu'il nous ſuffira de citer.

Mais comme , dans une matiere auſſi intéreſſante
pour la Chambre , nous ne voulons diſcuter ſérieu-
ſement que des raiſons qui aient au moins quelque

chofe de fpécieux , commençons par écarter ces petits moyens futiles, qui ne fourniffent à la défenfe du Parlement que des phrafes.

Si on l'en croit , il eft *la feule Cour Féodale & Domaniale du Roi.* Mais ce n'eft-là qu'un mot qui depuis vingt ans a été tant de fois répété que l'on y eft accoutumé , & que l'on n'y attache plus aucune valeur. En effet, les Chambres des Comptes font également Cours : le Parlement ne peut leur difputer ce titre. Sont-elles *Cours Féodales & Domaniales ?* nous laiffons le Parlement maître du mot ; mais voici la chofe. Elles font tellement confervatrices du Domaine & des mouvances du Roi, qu'elles en ont tous les titres en leur poffeffion , & que c'eft à elles que le Souverain en a confié la garde. Ce font elles qui reçoivent tous les actes de fief, la foi & l'hommage , (*a*) les aveux & dénombrements. Mais n'ont-elles que le droit de garder ces titres qui perpétuent la chaîne indéfectible de ces relations féodales ? elles ont de plus le pouvoir de forcer & l'obligation de contraindre les vaffaux à refpecter , à entretenir ces relations. Elles avertiffent ceux-ci lorfqu'ils font en demeure ; elles leur commandent de rendre au Roi la foi qui lui eft due : s'ils ne lui obéiffent pas , elles mettent fon fief fous la main du Roi, elles en prononcent la commife.

(*a*) En Dauphiné les Tréforiers de France ne reçoivent & n'ont jamais reçu aucune foi & hommage.

Le Procureur Général, qui dans ces Cours est le défenseur né de tous les droits & de la Souveraineté & de la Seigneurie Royale, qui s'identifient & se confondent dans la personne du Monarque, se trouve en même temps le légitime contradicteur de tous ceux qui tenteroient ou d'altérer les droits, ou d'enfreindre les engagements de la féodalité. Si l'on refuse à une Cour revêtue de ce pouvoir & liée par ces devoirs, le titre de Cour féodale; disons-le avec vérité, on élévera une dispute de mots, & notre objet est ici de les écarter toutes.

Nous devons écarter également cette érudition plus fastueuse qu'utile, qui substituant à des principes incontestables des faits incertains & problématiques, voudroit fonder notre droit public actuel sur un assemblage de conjectures historiques, & présenteroit au Conseil, non des Loix, mais des systêmes. Si pour décider toutes les questions qui divisent les Compagnies, on veut se donner la peine de parcourir les fastes de la Monarchie; si on permet à son imagination d'interroger tous les monuments que l'on rencontre, & à son jugement, de ne s'arrêter qu'à ceux que l'on croira favorables à ses prétentions; on ne trouvera aucun principe de décision, parce que l'on en trouvera trente : tous les faits varient suivant les temps, suivant les regnes, suivant les caracteres des Souverains, & les différents degrés de fermentation qui naissent ou s'entretiennent parmi les peuples. Aucune époque ne fe reffemble : cherchons donc, non ce qui s'eſt paſſé dans chacune, mais ce qui a été vrai dans toutes. Le voici.

Le Conſeil Delphinal qui depuis Louis XI, s'eſt toujours appellé Parlement, fut établi en 1340 par Humbert II, Dauphin de Viennois. Deux chartes de la même année, & dont la ſeconde eſt du mois d'Août, forment les titres de ſon établiſſement. Juſques-là il y avoit eu des Conſeillers à la ſuite du Prince, & ils étoient également chargés & de la juriſdiction, & de l'adminiſtration. Les Maîtres Rationaux & Auditeurs des Comptes faiſoient partie de ce Conſeil ; ils furent réunis en un ſeul Bureau par la premiere des deux chartes de 1340, *AD PLENIOREM JUSTITIAM OMNIUM NEGOTIORUM tangentium computa & factum pecuniæ* * : & il fut ordonné qu'ils jugeroient & délibéreroient avec le Conſeil toutes les fois qu'il conviendroit, *& quando fuerit opportunum, debeant cum dicto Conſilio intereſſe, & CONSILIUM HABERE CUM IISDEM.*

* Termes de cette premiere charte.

Mais ce que nous devons principalement remarquer, c'eſt que dans ces chartes Humbert II parle en véritable Souverain, qui en établiſſant une Cour, lui confie l'exercice d'un pouvoir qui n'appartient qu'à lui * : *Nos Humbertus Delphinus conſiderans ad expeditionem omnium negotiorum Delphinali noſtræ Curiæ occurrentium propter occaſiones noſtras multi-*

* Charte du mois d'Août 1340.

plices, perſonaliter nos vacare non poſſe. Il ne va donc
donner à ſon Conſeil qu'un pouvoir qu'il étoit en
droit d'exercer , & qu'il exerçoit réellement lui-
même auparavant : c'eſt lui qui eſt le propriétaire de
l'autorité ; les Magiſtrats qu'il établit n'en ſont que
dépoſitaires : il forme donc un Corps qui ſera toujours
réſident à Grenoble , *Delphinale Conſilium in Civi-*
tate Gratianopolitanâ in poſterum permanſurum : il fixe
le nombre des Officiers qui doivent le compoſer ;
ils ne ſeront que ſept , tous verſés dans l'étude du
Droit ; cinq au moins ſeront Docteurs : il leur preſ-
crit leurs fonctions , détermine la nature des affaires
qu'ils connoîtront , leur confie ſon ſceau , preuve
certaine du pouvoir qu'ils ne tiennent que de lui ,
& les commet pour rendre la Juſtice en ſon nom.
Volumus . . . . . & vobis auctoritate præſentium com-
mittimus poteſtatem & auctoritatem perpetuam , &c.

Ce pouvoir ſuprême qu'avoient les anciens Dauphins de ſe choiſir des Officiers, de leur indiquer
leurs fonctions , & de leur preſcrire leurs devoirs ;
nos Rois , Souverains du Dauphiné , l'ont eu également. C'eſt d'eux que tous les Corps tiennent leur
autorité : ce que l'un a fait pour le bien de ſon ſer-
vice & pour l'avantage du gouvernement , un autre
a pu le défaire ; car la plénitude de la ſouveraineté
la plus parfaite leur a toujours appartenu ſur cette
Province. Voilà ce qui fut vrai dans tous les temps ,
& ce qui l'eſt encore. Ce n'eſt point là un fait hiſto-

rique dont la preuve puiſſe coûter aux ſavants beaucoup de veilles ou de recherches. Cette vérité, le
Parlement ſera toujours le premier à lui rendre
hommage.

Mais delà il ſuit qu'au lieu de ſe perdre dans
l'antiquité, c'eſt le dernier état de la légiſlation qu'il
faut conſulter ; c'eſt aux Ordonnances de nos Rois
qu'il faut avoir recours ; car il s'agit ici d'une adminiſtration dont ils ont été les maîtres, & du partage
d'un pouvoir qui n'a jamais appartenu qu'à eux.

Par cette réflexion, dont la vérité eſt frappante,
nous ne voulons ici que ſimplifier les motifs de déciſion que nous allons préſenter au Conſeil ; car nous
ſommes bien éloignés de convenir que la Chambre
des Comptes n'eût pas ſous les anciens Dauphins une
véritable juriſdiction : nous trouvons au contraire
la preuve & de ſon exiſtence & de ſes droits dans
les premiers titres de 1340 auxquels le Parlement
doit ſon origine : nous pouvons même remonter
plus haut ; car dès 1334, dans un Jugement rendu
par le Dauphin en ſon Conſeil contre François de
Bardonnenche accuſé de rebellion, nous voyons
deux Maîtres Rationaux aſſis au nombre des Juges ;
nous voyons de plus les Lettres patentes de 1334,
portant injonction aux Italiens, Florentins & autres
uſuriers de venir traiter de leur état en Dauphiné,
adreſſées aux ſeuls Maîtres Rationaux, qui ſur ces
Lettres donnerent commiſſion aux Baillis pour les

exécuter; d'autres Lettres patentes du 3 Août de la même année, portent injonction au Bailli, Juge de Graisivaudan, d'obéir aux Maîtres Rationaux.

Pour mettre de l'ordre dans notre défense, nous diviferons les preuves de notre Propofition en quatre claffes. 1.° Nous examinerons les titres communs aux deux Compagnies. 2.° Nous préfenterons au Confeil les monuments de notre poffeffion. 3.° Nous remonterons aux principes invariables de notre Droit public fur cette matiere; & après avoir invoqué l'autorité des Loix, nous oferons approfondir leurs motifs & juftifier leur fageffe. 4.° Enfin nous répondrons aux objections du Parlement, & leur foibleffe ajoutera encore à la force de nos preuves.

PREMIERE PARTIE.

Examen des Titres des deux Compagnies.

LE premier titre qu'invoque le Parlement eft la charte de 1340, qui établit à Grenoble le Confeil Delphinal.

Nous fupplions les Magiftrats du Confeil du Roi de vouloir bien lire cette piece importante dans un recueil qui ne peut être fufpect au Parlement, puifque c'eft lui qui l'a fait imprimer, & qu'il y a réuni tous les titres de fes droits (*a*); elle s'y trouve,

page

(*a*) Il eft intitulé, *Recueil d'Édits, Déclarations, Arrêts, Réglemens & Concordats concernant la jurifdiction, les privileges & les exemptions de Noffeigneurs du Parlement de Dauphiné*, & imprimé chez l'Imprimeur de la Compagnie en 1755.

page 167, & on lit au bas de ce titre cette énonciation remarquable, *Extrait des Regiſtres du Parlement de Dauphiné, TIRÉ PRÉCÉDEMMENT de ceux de la Chambre de la même Province.*

Or cette charte qui fut remiſe en original aux Maitres Rationaux qui étoient dès-lors les dépoſitaires des titres de la ſouveraineté, prouve par ſes diſpoſitions, 1.° que ces Maitres Rationaux Auditeurs des Comptes exiſtoient dès-lors. 2°. Qu'ils exiſtoient avec le pouvoir de juger, & de rendre des Arrêts.

En effet d'un côté le Dauphin Humbert parle, en pluſieurs endroits de cette Ordonnance, des Maitres Rationaux Auditeurs des Comptes, que le Conſeil devoit appeller dans un grand nombre d'affaires, mais qui recevoient & jugeoient ſeuls tous les comptes: *qui computa nova & vetera, ac præſentia & futura diligenter examinent*, dit la premiere des chartes de 1340. D'un autre côté le Dauphin ordonne que dans les affaires dont le Conſeil ſera ſaiſi, & qui auront quelque relation avec les Comptes du Dauphiné, il ne puiſſe rien faire qu'en préſence & avec le ſuffrage des Maîtres Rationaux Auditeurs des Comptes, qui dans ces ſortes d'affaires devoient avoir les mêmes droits & le même pouvoir que le Conſeil lui-même. *Et ipſi unà vobiſcum in eiſdem negotiis eamdem habeant poteſtatem.*

On doit conclure delà que ſous les Dauphins

F.

la Chambre des Comptes étoit une Compagnie qui
ayant une administration confidérable , étoit néces-
fairement appellée par le Conseil, pour juger toutes les affaires relatives à cette administration. Ce
concours des deux Compagnies a duré encore fous
nos Rois , comme nous l'allons faire voir (*a*).

Le Parlement en convient dans fon Mémoire ;
mais il foutient que les Maîtres Rationaux &
Auditeurs des Comptes n'avoient , lorfqu'ils fe réu-
niffoient au Conseil , que *voix infructive* , *& non
délibérative*. Cette affertion eft d'autant plus mal
fondée , qu'il a cité lui-même cette difpofition de
la charte de 1340 : *Et ipfi unà vobifcum in eifdem
negotiis eamdem habeant poteftatem*. Au refte le
fens de cette difpofition eft fixé par la poffeffion dont
la preuve eft dans nos archives. Tous les Arrêts du
quatorzieme & du quinzieme fiécle font rendus avec
l'affiftance & le conseil des Maîtres Rationaux Auditeurs des Comptes. On peut auffi voir tous les
Réglements & toutes les Ordonnances concernant
les matieres domaniales , l'administration de la Juftice
& les autres affaires publiques : le Dauphin n'y parle

(*a*) Le Dauphin Humbert II , avant que de partir pour commander
l'armée des Croifés en 1345 , donna le 2 Septembre 1345 une charte qui
porte expreffément : *Auditores Computorum nstrorum videntur in arduis negotiis*. Henri de Villars, Archevêque de Lyon , attefte dans fa Lettre du
4 Juin 1347 l'exécution de cette charte & de celles des 6 Avril & premier
Août 1340 ; & en rendant compte de ce qui fe paffoit en Dauphiné , il
s'exprime ainfi : *Computatores veftri & Confilium Delphinale erant Gratianopoli
circa alia negotia occurrentia intendentes.*

jamais que de l'avis de fon Confeil, *maturâ delibe-ratione habita cum infrafcriptis :* or parmi les Offi-ciers qui fouícrivent ces chartes, on trouve toujours les Maîtres Rationaux dans le même rang que les Membres du Confeil (*a*).

Le Parlement ajoute que par la donation du 30 Mars 1349, le Dauphin impofa au Roi la condition de maintenir *le Confeil Delphinal dans la même au-torité & jurifdiction qui lui avoit été attribuée.* S'il veut conclure de-là que nos Rois ont violé le titre de leur propriété, toutes les fois qu'ils ont ou dimi-nué quelque chofe de l'ancien pouvoir du Confeil Delphinal, ou augmenté la jurifdiction des autres Compagnies, il eft jufte qu'il cite la claufe finguliere de ce traité. Jufques-là nous n'avons rien à dire, & nous ne croyons point avoir à défendre ici contre le Parlement, la pleine, entiere & abfolue fouverai-neté de nos Rois : qu'il nous foit permis de la fup-

---

(*a*) *Voyez* l'Ordonnance de Guillaume de l'Aire, Gouverneur de Dauphiné en 1409 : celle de Réné Pot, auffi Gouverneur de Dauphiné, du 14 Mars 1413 : celle de Charles VI, rendue pour le réglement du Sceau, du 14 Janvier 1419, fur l'avis des Officiers des Comptes : autre Réglement de Henri de Sallenage, du 5 Avril 1419 : autre de Jacques de Montmaur, du 14 Janvier 1423 : autre Réglement du Confeil Delphinal & Gens des Comptes, du 4 Décembre 1426 : autre fur le fait du Domaine, du 26 Avril 1428 : autre de Raoul de Gaucourt, du 5 Septembre 1436 : autre de Louis de Laval, du mois d'Août 1467 : autre Réglement pour le fait de la Juftice, du 17 Juillet 1471 : l'Ordonnance rendue contre les blafphé-mateurs par le Parlement & la Chambre des Comptes, le 2 Août 1464 : enfin les Lettres patentes de Louis XII du 24 Novembre 1478, donnant pouvoir aux Gouverneur de Dauphiné, Parlement & Gens des Comptes tous enfemble, de pourvoir aux Offices de Vibaillis & autres Offices Del-phinaux.

poſer d'après les monuments qu'il nous reſte à parcourir.

Par des Lettres patentes du dernier Mai 1434, Charles VII non ſeulement attribue à la Chambre des Comptes du Dauphiné la réception des foi & hommage & le dénombrement des fiefs ; mais lui ordonne de pourſuivre les vaſſaux en demeure & de faire ſaiſir leurs fiefs. Le Parlement dira-t-il que c'é-toit une infraction au titre de 1349, puiſque par la charte de 1340 le Conſeil étoit autoriſé à recevoir les foi & hommage ? La Cour des Comptes dé-clare qu'elle ne connoît que les loix de ſon Sou-verain, & non les traités faits avec lui. Par le même Edit de 1434, il lui eſt enjoint de donner à nou-veau cens tous les terreins vacants, de faire faire les réparations aux domaines, d'accorder ou refuſer l'inveſtiture à tous ceux qui auroient acheté des biens dans la directe du Roi, & de faire procéder aux ter-riers & reconnoiſſances.

On nous dira ſans doute que c'eſt ici une pure adminiſtration confiée à la Chambre des Comptes. Mais, 1.º c'eſt du moins une adminiſtration ſouve-raine, puiſque le Roi, par cet Edit, *mande à tous ſes Officiers, Vaſſaux & Sujets, de quelque autorité ou état qu'ils ſoient, qu'aux Gens de ſes Comptes..... ils obéiſſent ſans aucun contredit ou difficulté.*

2.º C'eſt une adminiſtration qui exige examen, puiſque les Gens des Comptes doivent ſe décider en connoiſſance de cauſe. Voici les termes de l'un des articles de la Loi : *Et ſi les poſſeſſions & rentes ainſi aliénées étoient de fief noble , & celui bourgeois , marchand , ou autre qui en demandera inveſ-titure, n'étoit de noble extraction, lors leſdits Gens des Comptes , appellé ledit Tréſorier , ou ſon Lieutenant , en ayant conſidération à la qualité des perſonnes , & auſſi à la qualité & valeur deſdites choſes , ſelon qu'ils verront expédient à faire à notre profit , pourront faire ladite inveſtiture , moyennant que les acheteurs , permutateurs ou donateurs doubleront les lods , &c.*

On voit ici que le noble ne devoit qu'un droit, & que l'on pouvoit en exiger deux du roturier. Mais ne pouvoit-il pas s'élever la queſtion de ſavoir ſi l'acquereur étoit noble ou roturier ? Que l'on nous diſe qui devoit alors juger la conteſtation. Suppoſons encore que la Chambre voulant forcer un vaſſal à l'hommage , celui-ci l'eût refuſé ſous prétexte qu'il n'étoit pas dans la mouvance du Roi ; nous demandons ſi les Gens des Comptes n'avoient pas droit de juger la queſtion ?

Il eſt viſible en effet que cette adminiſtration ſouveraine & éclairée que nos Rois confioient à leur Chambre des Comptes, devoit très-ſouvent donner lieu à des queſtions importantes : dire qu'elle fût ſans pouvoir pour les décider, c'eſt contredire l'eſprit de la Loi, c'eſt aller même contre la diſpoſition de la charte de 1340 : Car ſi dès-lors , dans les

matieres qui étoient de fa compétence, elle avoit le
même pouvoir que le Confeil Delphinal auquel elle
fe réuniffoit dans les affaires qui devoient être jugées
conjointement ; on doit regarder comme conftant que
lorfque fon adminiftration augmenta, elle conferva
la même autorité fur toutes les queftions incidentes
à l'exercice de fes fonctions. Elle jugea donc, foit
feule, foit avec le Confeil. Voilà ce que nous dicte la
raifon ; mais voilà ce qui va être expliqué & prouvé
de plus en plus par les monuments poftérieurs.

En effet, plufieurs démêlés s'étant élevés fous
François Ier, entre le Parlement & la Chambre
des Comptes, fur leur compétence refpective ; ce
Prince changea l'ancien ufage qui avoit été fuivi
jufques-là. Autrefois les procès étoient jugés au
Parlement qui devoit y appeller les Officiers de la
Chambre des Comptes. Le Parlement ayant négligé
cette coutume, François Ier ordonna que toutes
les inftances qui auroient pour objet les amendes,
les confifcations, les aubaines, les lods & ventes,
& généralement tous les droits feigneuriaux, feroient
dorénavant jugées en la Chambre des Comptes ; mais
en y appellant quelques-uns des Préfidents & des
Confeillers du Parlement.

Ceux-ci ayant refufé de fe réunir à la Chambre
pour prononcer avec elle, Henri II publia en 1550
une Déclaration, par laquelle il lui attribua en termes formels la totale connoiffance & jurifdiction

contentieufe en dernier reſſort de toutes les cauſes
& matieres provenant des amendes, confifcations ,
aubaines, lods & ventes, & autres droits & devoirs
feigneuriaux.

En 1551 , & le 16 Septembre , Henri II rendit
une nouvelle Déclaration, qui renferme deux difpofitions eſſentielles. 1.º Elle attribue à la Chambre
des Comptes la plus entiere jurifdiction en matiere de droits & devoirs dus au Roi : *Notre Cham-*
bre des Comptes , y eſt-il dit , aura tel & femblable
pouvoir , autorité & jurifdiction , vuidera , jugera &
décidera toutes & femblables matieres , foit en fait &
connoiſſance de nos droits , devoirs & domaines , du
fait , examen & clôture des comptes de nos Officiers
dudit pays, que de tous autres de notredit pays de Dau-
phiné , terres & provinces unies ; & fera conduite &
adminiſtrée à l'inſtar de notredite Chambre des Com-
ptes de Piémont & Savoie. 2.º Elle déroge expreſ-
fément à cette Ordonnance d'Abbeville fur laquelle
le Parlement s'appuie fi fort aujourd'hui , *nonobſtant*
les 23.ᵉ & 309.ᵉ articles des Ordonnances faites par
notre feu Seigneur & Pere à Abbeville en l'année
1539 , pour le regard de notredite Cour de Parlement ,
auxquelles nous avons dérogé & dérogeons , &c.

Il paroît que cette Compagnie s'oppofa à l'exécution de ces loix formelles ; elle ofa conteſter à la
Chambre le dernier reſſort, & voulut même s'attribuer le droit de recevoir les appels de fes Jugements.

Tous ces abus donnerent lieu à de nouvelles Lettres
patentes données au mois d'Avril 1554, & dans le
préambule defquelles on les trouve rappellés & blâmés
comme autant d'entreprifes (*a*). Remettons fous les
yeux du Parlement lui-même les difpofitions de ces
Lettres patentes : *Savoir faifons que Nous defirant*
que la totale connoiffance & jurifdiction de ces matie-
res foit & demeure perpétuellement en notre Chambre
des Comptes, en laquelle font tous les titres, papiers
& documents fur lefquels fe peut juridiquement juger
& décider le fait de nos droits & devoirs par les Gens
de nos Comptes, lefquels doivent mieux être inftruits
& informés de la nature d'iceux, que nuls autres,
comme étant des dépendances de leurs charges, & de
leur vrai gibier & profeffion : ayant eu fur ce l'avis
de notre Confeil, avons dit, déclaré, ftatué & ordonné,
difons

[*a*] Comme feu notre très-honoré Seigneur & Pere le Roi dernier dé-
cédé, ci-devant adverti que pour raifon des amendes, confifcations & aubaines, lods, ventes & autres droits & devoirs feigneuriaux à Nous dus,
s'étoient mus & mouvoient journellement plufieurs procès, dont les Gens de
notre Cour de Parlement & de nos Comptes en Dauphiné refpectivement
entreprenoient connoiffance, & empêchoient l'un l'autre, avoit ordonné
que les procès mus pour raifon des chofes fufdites feroient jugés en ladite
Chambre de nos Comptes, appellés aucuns des Préfidents & Confeillers
de notredite Cour de Parlement ; & pour la difficulté qui étoit de les
affembler, *Nous avions dès l'an 1550 attribué la totale connoiffance & jurif-*
diction contentieufe à notredite Chambre des Comptes de Dauphiné, pour con-
noître en dernier reffort de toutes caufes & matieres provenant defdites amendes,
confifcations, aubaines, lods & ventes & autres droits feigneuriaux ; & fur ce
fait expédier nos Lettres patentes, lefquelles n'ont forti effet, tant pour ce
que la Cour & jurifdiction de nofdits Gens des Comptes fe treuvent avoir
été déclinées pour aucuns, que pour les appellations interjettées par autres
de leurs jugements, relevées en notre Cour de Parlement contre la forme
de nofdites Lettres, &c.

*difons , &c. que notredite Chambre des Comptes con-
noiffe , juge & décide en dernier reffort & fouverainete
de tous PROCÈS , DIFFÉRENTS mus & à mouvoir
pour raifon des amendes & confifcations , lods & ventes,
& autres devoirs feigneuriaux ; fans que notredite Cour
de Parlement de Dauphiné , ne autres Juges quelcon-
ques en puiffent prendre aucune cour & jurifdiction ,
ni connoiffance , laquelle Nous leur avons interdite.*

Ce n'eft point, comme on le voit, par des raifonnements ou par des conjectures ; c'eft encore moins
par des déclamations vagues que nous prouvons ici
que la Chambre des Comptes de Dauphiné eut
toujours une jurifdiction contentieufe incidente à
fon adminiftration : elle l'exerça d'abord conjointement avec le Parlement ; il étoit obligé de l'appeller
toutes les fois qu'il fe préfentoit devant lui une conteftation relative aux matieres dont les Gens des
Comptes avoient la direction comme adminiftrateurs.
Le concert eft troublé ; le Parlement refufe de les
appeller. Alors François I.er veut que ce foient
les Officiers du Parlement eux-mêmes qui aillent à
la Chambre des Comptes : & rien n'étoit plus rai-
fonnable , puifque c'étoit au Tribunal même dans
lequel naiffoit le différent , que devoient fe tranf-
porter tous ceux dont les fuffrages concouroient à
fa décifion. Le Parlement réfifte encore , mais fon
oppofition ne fait que conftater l'autorité de la loi. Le
Légiflateur s'arme de fermeté, & trois Déclarations de

F

Henri II maintiennent la Chambre des Comptes, non dans un pouvoir d'administration qui ne lui est pas disputé, mais dans l'exercice exclusif d'une jurifdiction contentieuse, dont il paroît que le Parlement cherchoit dès-lors à la dépouiller.

C'est contre une volonté aussi formelle de nos Rois, source respectable & unique du pouvoir & de la jurisdiction de tous les Tribunaux, c'est contre des Loix aussi précises, que viennent nécessairement échouer tous les moyens du Parlement, tirés des articles 23 & 309 de l'Ordonnance donnée à Abbeville par François I.ᵉʳ en 1539.

Il seroit aisé de démontrer que ces deux articles, en attribuant au Parlement une jurisdiction directe sur le Domaine, les droits du Roi, & les matieres patrimoniales, ne privent point la Chambre des Comptes de la jurisdiction incidente sur ces mêmes matieres, sans laquelle son administration seroit nécessairement subordonnée & impuissante. Mais cette discussion devient inutile ; la sagesse du Légiflateur s'est occupée à prévenir tous les doutes.

Ce n'est point à une interprétation arbitraire de la Loi que la Chambre des Comptes a recours ; c'est la volonté expresse du Souverain, c'est la disposition formelle de la Loi qu'elle invoque. Lorsque le texte est précis, toute explication est inutile. Lorsque la Loi est locale, tout prétexte pour s'y soustraire s'évanouit. Nous nous interdirons donc tout raiſonnement ; accoutumés à la reſpeĉter, nous nous contenterons de rapporter fidellement les termes dans leſquels elle s'énonce.

Les Déclarations & Lettres patentes de 1550, 1551 & 1554, donnent à la Chambre des Comptes de Dauphiné la connoiſſance, juriſdiĉtion & déciſion *en dernier reſſort & ſouveraineté, de tous procès, différents mus & à mouvoir, pour raiſon des amendes, confiſcations, lods & ventes, & autres devoirs ſeigneuriaux,* & en interdiſent *toute cour, juriſdiĉtion & connoiſſance au Parlement de Dauphiné & autres Juges.*

Poſtérieures à l'Ordonnance de 1539, leur époque ſeule ſuffiroit pour prouver qu'elles y dérogent de plein droit. Mais elles font plus ; elles contiennent une dérogation expreſſe aux articles 23 & 309 de cette Ordonnance.

Henri II veut que ſa Déclaration de 1551 ſoit exécutée, *nonobſtant,* dit ce Roi, *les 23.ᶜ & 309.ᶜ articles des Ordonnances faites par notre feu Seigneur & Pere à Abbeville en l'année 1539, pour le regard de notredite Cour de Parlement, auxquelles nous avons dérogé & dérogeons, &c.*

Il ordonne que ſa Déclaration de 1554 ſera exécutée, *nonobſtant tous Edits, Déclarations & Réglements contraires.*

Il atteſte enfin dans le préambule de ſa Déclaration de 1554, que François I.ᵉʳ lui-même avoit ordonné que les procès mus *à raifon des amendes, confifcations, aubaines, lods, ventes & autres droits feigneuriaux dus au Roi, feroient jugés en la Chambre des Comptes, appellés aucuns des Préfidents & Confeillers de la Cour de Parlement.*

Louis XIII, dans l'Edit de Mars 1628, portant attribution & union de la Cour des Aides au Parlement de Dauphiné, ne lui donne la connoiffance des caufes & matieres attribuées à ladite Cour par l'Ordonnance de 1539, que *fors & excepté,* eft-il dit, *ce qui eft dérogé par un Édit portant féparation de jurifdiction de notredite Chambre d'avec notredite Cour, &c.*

Par Edit du mois d'Octobre 1658, Louis XIV réunit de nouveau au Parlement de Dauphiné la Cour des Aides, qui en avoit été féparée, & établie à Vienne. On lit dans cet Edit la même dérogation, & exprimée dans les mêmes termes, que celle qui eft portée par l'Edit du mois de Mars 1628.

Tels font les textes formels, les loix locales, les dérogations expreffes, contre lefquels fe font brifées en 1691 les prétentions du Parlement fondées fur les mêmes articles 23 & 309 de l'Ordonnance de 1539. Profcrites, ainfi que nous le verrons ci-après, par le Roi lui-même en fon Confeil, dans un Arrêt de réglement folemnel & contradictoire rendu à cette époque, comment peut-on encore les renouveller aujourd'hui?

C'eft dans la perfonne facrée de nos Rois que réfident toutes les jurifdictions. Elles s'y réuniffent comme dans un centre commun, & c'eſt d'elle qu'elles émanent. Souverains Légiſlateurs, ils ont parlé : c'eſt à eux ſeuls qu'appartient le droit de fixer les bornes du pouvoir & de la juriſdiction de chaque Tribunal. Aucun Parlement, aucune Cour, ſans entreprendre ſur les droits de la Souveraineté, ne peut étendre les limites de la ſienne, & reſſerrer celles d'une autre Cour à ſon gré. Reſpectons-les, & rappellons la volonté du Légiſlateur.

Henri II, Louis XIII, & Louis XIV ont abrogé, par une foule d'Edits, Déclarations, & Lettres patentes, les articles 23 & 309 de l'Ordonnance de 1539, dans les points où ils pouvoient être contraires à la juriſdiction attribuée à la Chambre des Comptes.

En vain le Parlement a voulu réclamer la diſpoſition de ces deux articles : l'Arrêt de réglement le plus ſolemnel, rendu par le Roi en 1691, n'a eu aucun égard à cette réclamation. La dérogation ſubſiſte dans ſon entier & dans toute ſa force.

Au reſte, il eſt inutile aujourd'hui d'argumenter de toutes ces Déclarations qu'appelloient à leur ſecours les deux Compagnies dans le procès terminé en 1691. Le Réglement ſolemnel de cette année eſt l'unique loi qui doive actuellement être conſultée : & ſi nous citons ici les Déclarations de 1550, 1551 & 1554, c'eſt pour faire voir l'invariable application qu'a reçu dans tous les temps le principe ſur lequel nous nous fondons. On voit en effet que toutes les Loix par leſquelles le Roi nous confie une adminiſtration, nous attribuent en même temps la jurifdiction contentieufe incidente aux objets que nous fommes chargés d'adminiftrer. L'une eft une fuite néceffaire de l'autre , parce que ce n'eft que par l'exercice du pouvoir de jurifdiction que l'adminiftration devient fouveraine.

Pour écarter toutes les Déclarations qui font formelles en faveur de la Chambre des Comptes , le Parlement n'emploie qu'un moyen général; il prétend qu'elles ont été furprifes au Légiflateur : mais il n'y a perfonne qui mécontent de ce que la loi lui fait perdre fon procès , ne puiffe en dire autant.

C'eft là appeller de la loi même ; & ce n'eft point notre méthode. Si le Parlement nous oppofe un Edit, nous ne le récufons pas ; mais nous faifons voir , ou qu'il ne dit point ce que cette Compagnie lui fait dire , ou qu'il a été révoqué par une loi poftérieure. Le Parlement au contraire eft forcé d'avouer que les Déclarations dont nous faifons ufage, profcrivent fes prétentions : alors il foutient que nos Rois fe font trompés ; & voilà toute fa réponfe.

Par exemple , ne pouvant éluder les difpofitions de la Déclaration du 16 Septembre 1551 , par laquelle Henri II avoit formellement maintenu la Chambre des Comptes dans l'exercice de fa jurifdiction contentieufe, incidente à fon adminiftration ; il croit tirer avantage des Lettres patentes du 19 Avril fuivant , fans faire attention que trois ans après, & en 1554, Henri II qui avoit donné ces Lettres patentes , renouvelle en faveur de la Chambre les

difpofitions des loix précédentes qui l'avoient maintenue dans le pouvoir de juger.

Croira-t-on que fous le regne de Henri II on
trouve, dans l'efpace de quatre ans, quatre Déclarations confécutives, dont les deux premieres & la derniere nous attribuent, & la troifieme nous ôte notre
jurifdiction ? Si cela étoit, la derniere loi feroit en
notre faveur. Mais n'imputons point au Miniftere de
ce temps-là ces contradictions puériles. Les Lettres
du 19 Avril avant Pâques 1551 ne touchent point
à notre jurifdiction ; elles blâment feulement un abus
particulier. En effet, au lieu de renfermer la jurifdiction de la Chambre dans les bornes qui lui font
prefcrites, & qui ne lui permettent de juger qu'incidemment à fon adminiftration, on lui avoit adreffé
des commiffions en vertu defquelles plufieurs demandes principales avoient été portées devant elle.
Le Roi déclare donc que par ces commiffions il
n'a point entendu donner à fa Chambre des Comptes
une jurifdiction directe ; il veut qu'elle appartienne
au Parlement comme ci-devant, & que les Parties
fe pourvoient devant lui : en un mot, il réduit le
pouvoir & l'autorité de la Chambre aux caufes incidentes à fon adminiftration.

Veut-on même une preuve démonftrative que les
Etats n'entendirent point au mois d'Avril 1551 obtenir la révocation des Lettres patentes du 16 Septembre précédent ? La voici. C'eft que ces mêmes
Etats, au mois de Juillet 1582, demanderent & ob-

Lettres du
19 Avril 1551
(avant Pâques).

tinrent la révocation des Edits burfaux qui avoient créé un *Bureau des Généraux*, auquel on avoit attribué la connoissance de différentes matieres, & notamment celle *du Domaine*. Or que difent les Etats dans les cahiers par lesquels ils se plaignent de cet établissement ? C'est que ce point *appartient à la Chambre des Comptes, & lui a été attribué par les Ordonnances, aux archives de laquelle les titres & documents anciens font retirés, pour la confervation des droits du Roi & le foulagement des Peuples; & ne feroit ladite Chambre des Comptes aucunement néceffaire fi ledit Bureau étoit établi.* Ainfi deux preuves que les Lettres patentes du 19 Avril 1551 rendues fur la requifition des Etats, ne révoquerent point la Déclaration du 16 Septembre précédent : 1.º c'eft que les Lettres patentes de 1554 confirment de nouveau cette Déclaration du 16 Septembre 1551 : 2.º c'eft qu'en 1582 les Etats eux-mêmes invoquent ces titres dont on affure qu'ils avoient demandé la révocation.

Ces conteftations fur la compétence refpective des deux Compagnies ayant continué malgré les Lettres patentes, qui de temps en temps avoient pour objet de les appaifer ; le Parlement & la Chambre des Comptes fe rapprocherent, & il fut paffé au mois de Juillet 1564 un Concordat, qui fut lui-même dans la fuite la fource d'une foule de difficultés.

Mais cet accord, loin de prouver que la Chambre n'eût alors aucune jurifdiction contentieufe, fuppofe pose au contraire, comme un principe certain, qu'elle doit être commune entre les deux Cours.

L'Article premier porte : *Que tout ce qui confiste en ligne de compte, comme font les débets des comptables, les souffrances, les vérifications & débets de lods, les contraintes des parties dues par les Fermiers du Roi, & semblables, avec ce qui en dépend, fera délaiffé à Meffieurs des Comptes en toute fouveraineté & en dernier reffort.* Voilà donc déjà une jurifdiction contentieufe qui eft attribuée à la Chambre des Comptes ; c'eft celle qui eft relative à la ligne du compte : ainfi elle eft Juge, & juge en dernier reffort de toutes les oppofitions qui tendent à diminuer la quotité des débets, ou celle du droit qui doit être perçu. Mais fi l'oppofition a un autre objet, fi elle fuppofe l'examen d'un droit étranger au compte ; alors l'inftruction & le jugement font-ils interdits à la Chambre ? Non, mais l'un & l'autre appartiennent conjointement aux deux Compagnies. Voici les termes du Concordat : » Et néanmoins fi fur l'exé-
» cution defdits jugements en ligne de compte
» échéent aucunes oppofitions fondées fur autres
» droits que fur ladite ligne de compte ; l'inftruction
» & jugement s'en feront comme eft contenu en
» l'article couché ci-deffous, auquel eft parlé de la
» connoiffance des caufes du Domaine & droits fei-
» gneuriaux du Roi.

Or quel eft cet article ; il eft important de le

G

tranfcrire ici : *Et quant aux procès du Domaine &*
droits feigneuriaux du Roi où il écherra jurifdiction
contentieufe , l'inftruction s'en fera pardevant l'un de
ladite Cour , & l'autre de ladite Chambre , pour pro-
céder à l'inftruction defdits procès , felon l'ordre ou
réglement jà dreffé ou à dreffer . . . . *lefquels procès*
inftruits feront jugés par ladite Cour , appellés les
Gens des Comptes qui y auront voix DÉLIBÉRATIVE
ès chofes où il n'écherra difficulté de droit comme
deffus ; *laquelle y étant , en fera la décifion délaiffée*
à ladite Cour , fuivant l'ancienne obfervation , de la-
quelle ont anciennement ufé lefdits Gens des Comptes,
qui en ce cas SE SONT CONTENTÉS *d'avoir voix in-*
ftructive en la Cour.

Si donc il s'éleve une véritable queftion fur la
mouvance ; fi le droit eft contefté ; en un mot, s'il
s'agit d'examiner dans un procès les différents titres
des Parties ; non feulement le jugement , mais
l'inftruction même en appartient aux deux Compagnies : le nombre des Commiffaires de l'une & de
l'autre doit être égal pour l'inftruction ; & les deux
Compagnies doivent être réunies pour la décifion.

Croira-t-on que fi la Chambre des Comptes
n'eût pas eu antérieurement au Concordat une véritable jurifdiction, le Parlement lui eût accordé le
droit de l'exercer conjointement avec lui ? Cette
néceffité du concours de l'une & de l'autre Compagnie eft ici prefcrite comme effentielle pour la

validité & de la procédure & de l'Arrêt : donc la
Chambre des Comptes a eu la jurifdiction contentieufe avec le Parlement, tant que le Concordat a
été exécuté.

Dira-t-on que lorfqu'il y avoit difficulté de droit,
elle n'avoit que voix inftructive ? Mais 1.° cela ne
fignifie point que la Chambre n'eût pas voix délibérative fi-tôt que le droit étoit contefté ; car il l'é-
toit dès qu'il y avoit procès ; & alors la Chambre
avoit voix *délibérative*. 2.° Que veut donc dire ce
mot, de difficulté de droit ? Il faut fe rappeller que
tous ceux qui compofoient alors le Parlement
étoient gradués, & que les Gens des Comptes ne
l'étoient point encore. Lors donc que la queftion
roule fur les Loix & fur leur interprétation ; le Parlement, compofé de Jurifconfultes, prétend que lui
feul doit délibérer ; & la Chambre des Comptes
veut bien *fe contenter* d'une voix inftructive. Mais
ce n'eft ici qu'un hommage qu'elle rend au favoir
des Officiers du Parlement, & non une dérogation
à l'autorité dont elle eft elle-même revêtue : le pouvoir eft entier ; il eft celui de jurifdiction ; il eft le
droit & la puiffance de juger. La Chambre des
Comptes a voix *délibérative* : mais dans les caufes
embarraffées où il s'agit d'expliquer, d'interpréter,
d'appliquer les Loix, elle veut bien fe contenter
d'une voix inftructive. Voilà tout ce que porte le
Concordat.

G ij

Il faut convenir cependant qu'une pareille convention devoit faire naître dans l'exercice des fonctions communes aux deux Cours, une foule de difficultés, & souvent des altercations: c'est sans doute une des raisons qui ont fait abolir le Concordat dont nous parlons, & que nous rapportons ici plutôt comme un monument des anciens usages, que comme un titre qui puisse aujourd'hui régler les droits de l'une & de l'autre Cour. Ils l'ont été par des Loix postérieures, dont nous allons bientôt rendre compte.

Sur le Concordat de 1564, nous nous contenterons d'observer qu'il rendit au Parlement un droit qui lui tenoit fort à cœur, celui d'appeller la Chambre des Comptes à ses délibérations, & de ne point aller lui-même assister à celles de cette Compagnie, ainsi que l'avoit ordonné Henri II. Voilà ce que le Parlement gagna: car du reste s'il est prouvé que la Chambre avoit eu auparavant une véritable jurisdiction, il l'est également qu'elle ne la perdit pas par ce traité, qui est lui-même un monument de sa compétence pour juger.

Nous ne parlerons de l'Arrêt de réglement, rendu entre les deux Compagnies au mois de Mai 1625, que pour faire observer que la Chambre y est maintenue dans le droit de recevoir seule les hommages. Cet Arrêt au surplus prouve que l'on suivoit encore alors le Concordat de 1564. On y regle la maniere dont les épices devoient être partagées dans les procès qui étoient jugés conjointement par l'une & par l'autre Cour.

Ce fut en 1628 que ce traité fut abrogé. Une expérience de deux siecles avoit appris que deux Compagnies ne pouvoient être & indépendantes à certains égards, & perpétuellement obligées de se rapprocher, & de se réunir pour exercer conjointement leur jurisdiction. Louis XIII les sépara (*a*) par un Edit du mois de Mars de cette année, qui régla en même temps les fonctions de la Chambre des Comptes, & les assimila en entier à celles de la Chambre des Comptes de Paris. On peut voir dans le préambule de cet Edit l'énumération des matieres dont la connoissance nous doit appartenir : mais ce qu'il est important de remarquer ici, c'est que le Roi nous y confie non une simple administration, mais une véritable jurisdiction ; *desquelles matieres*, y est-il dit, *nous avons avisé de continuer* LE SOIN ET LA JURISDICTION *à notre Chambre des Comptes.* Ces deux mots réunis indiquent le partage de nos devoirs : nous devons nos soins aux Domaines du Roi ; mais c'est par le moyen de la *jurisdiction* que nous tenons de lui, que nous écartons tout ce qui pourroit altérer l'intégrité des droits

(*a*) ,, Avons ordonné que dorénavant notre Chambre des Comptes de ,, Dauphiné demeurera distraite & séparée en ses fonctions, d'avec notre ,, Cour de Parlement, tout ainsi & en la même forme & maniere que *notre* ,, *Chambre des Comptes de Paris* est séparée d'avec notre Parlement dudit lieu. Edit de Mars 1628.

dont nous fommes les défenfeurs. Ce n'eft pas même un pouvoir nouveau qui nous eft attribué : le
Roi nous *continue le pouvoir* qui nous appartient,
& dont nous avons toujours joui.

Sans entrer ici dans le détail des obligations que
cet Edit nous impofe, nous nous contenterons de
citer la difpofition qui en termine l'expofition. ,, Il
,, fera en outre procédé (en ladite Chambre) à
,, la réception des foi & hommage à nous dûs en
,, ladite Province, aveux & dénombrements, ad-
,, miniftration du revenu des régales; fans que notre
,, Cour de Parlement de Grenoble y puiffe affifter;
,, nonobftant tous Edits, Ordonnances, Statuts,
,, *Concordats*, Tranfactions, Arrêts, *&c.* auxquels
,, nous avons dérogé pour ce regard (*a*); & géné-
,, ralement que les Officiers de notredite Chambre
,, aient telle & femblable *connoiffance* qu'ils ont
,, eue par le paffé; fors & excepté de nos Aides,
,, dont nous avons attribué la connoiffance à notre
,, Parlement; enrégiftrement de nos Lettres de com-
,, miffion pour levée des deniers, que nous voulons

_____

(*a*) Une preuve évidente que cette dérogation générale porte fur l'Ordonnance d'Abbeville, fe tire de l'Edit du même mois de Mars 1628,
portant attribution & union de la Cour des Aides au Parlement. A la fin
du détail des matieres, dont la connoiffance lui eft attribuée, on y lit ces
termes : *Et de toutes autres matieres, dont notre Cour des Aides de Paris con-
noit en premiere inftance, outre la connoiffance des caufes attribuées en premiere
inftance à ladite Cour par l'Ordonnance de l'année 1539, faite à Abbeville,
FORS ET EXCEPTE' CE QUI EST DEROGE' PAR UN EDIT PORTANT
SEPARATION DE JURISDICTION DE NOTREDITE CHAMBRE
D'AVEC NOTREDITE COUR, &c.*

„ être adreſſées à nos Tréſoriers de France ; char-
„ gement & déchargement de feux, accordés à nos
„ Elus ; & autres fonctions qui ſont attribuées tant
„ à notre Cour de Parlement, Tréſoriers de Fran-
„ ce, qu'auxdits Elus de ladite Province, *par nos*
„ *Edits ſur ce fait, portant* (*a*) *attribution & union*
„ *de ladite Cour des Aides à notredite Cour de*
„ *Parlement, création de Tréſoriers de France &*
„ *Elus en icelle.*

Louis X I I I, en ſéparant les deux Compagnies, ne voulut donc nous ôter aucune partie de
notre juriſdiction : d'un côté nous fûmes aſſimilés
à la Chambre des Comptes de Paris qui eſt certainement en poſſeſſion immémoriale d'une juriſdiction contentieuſe dont font foi ſes regiſtres de plai-
doyers : d'un autre côté le Légiſlateur déclara qu'il
vouloit que nous conſervaſſions telle & ſemblable
connoiſſance que nous avions eue par le paſſé. Or
avant la ſéparation, la Compagnie exerçoit la juriſdiction contentieuſe incidente à ſon adminiſtration.
Elle l'exerçoit, il eſt vrai, conjointement avec le
Parlement auquel elle ſe réuniſſoit pour juger ; mais
ce pouvoir n'en étoit pas moins inhérent à ſa con-
ſtitution, & celle-ci n'a point changé lorſque le Roi

(*a*) Nous ne pouvons nous difpenſer d'obſerver que l'Auteur du Mémoire
fait pour le Parlement cite infidellement cette phraſe ; & voici comme il
la tranſcrit : *Par nos Edits portant confirmation de la juriſdiction des Aides au
Parlement, création de Tréſoriers de France*, &c. On ne ſauroit être trop
exact dans les citations. Il ne s'agiſſoit point, lors de cet Edit, de confirmation, mais d'attribution & d'union.

a voulu que les deux Compagnies fuſſent ſéparées
& indépendantes. Ainſi juſques à 1628 la Chambre a
jugé avec le Parlement. Depuis 1628 elle a jugé ſeule.
Cet Edit de 1628 n'eſt donc point un titre d'érection
de la Chambre des Comptes, comme le Parlement
voudroit l'inſinuer; le Légiſlateur ne crée point ce Tribunal; il ſépare, il rend indépendantes l'une de l'autre
deux Compagnies déjà exiſtantes. Voilà tout le chan-
gement qui s'eſt fait, & nous allons le prouver de
plus en plus par les titres dont il nous reſte à rendre
compte.

Le Parlement dans ſon Mémoire fait remarquer
que le Roi excepte des fonctions conſervées à la
Chambre des Comptes par l'Edit de 1628, celles
qui étoient attribuées tant aux Tréſoriers de France
qu'au Parlement : or, dit-il, par un Edit du mois de
Décembre 1627 il venoit de donner la connoiſſance
des matieres du Domaine aux Tréſoriers de France,
& le dernier reſſort au Parlement.

Mais, 1.º le Roi n'excepte des matieres, dans la
juriſdiction deſquelles l'Edit du mois de Mars 1628
nous confirme, que celles attribuées au Parlement
par un autre Edit du même mois qui venoit de lui
donner la connoiſſance des Aides. Or dans celui-ci
il n'eſt point queſtion de la juriſdiction du Domaine.

2.º Quant à l'attribution faite aux Tréſoriers de
France, elle ne concerne que la juriſdiction ordi-
naire : or celle-ci nous ne l'avons jamais diſputée au
Parlement.

Parlement. Nous nous fommes feulement défen-
dus contre lui, lorfqu'il nous a contefté la jurifdiction incidente à notre adminiftration, dont l'Edit
qui fépare les deux Compagnies ne nous a point
dépouillés, comme nous allons achever de le démontrer.

En effet, il eft prouvé par une foule d'Arrêts
rendus en la Chambre dans les temps les plus voi-
fins de l'Edit de 1628, qu'elle continua d'exercer,
dans toutes les matieres de fa compétence, cette jurifdiction contentieufe qui lui eft aujourd'hui difputée;
& nous devons obferver que dans plufieurs de ces
Jugements nous voyons des Officiers du Parlement
paroître comme Parties plaidantes, & non feulement
reconnoître, mais invoquer même l'autorité de la
Chambre. Mais qu'eft-il befoin d'infifter fur ces monuments de notre poffeffion? venons à la décifion fo-
lemnelle du Légiflateur, qui l'a en même temps &
conftatée & juftifiée.

Cette jurifdiction que le Roi venoit d'attribuer
aux Tréforiers de France, & qui placée fous le reffort du Parlement nous ôtoit plufieurs des matieres
dont nous avions connu jufques-là, fervit de prétexte à cette Compagnie pour accroître de plus
en plus fes droits & fa compétence. Il étoit naturel
que le Parlement favorifât le Bureau des Finances,
qui ne pouvoit enlever à la Chambre des Comptes
aucun contentieux qu'il ne le reportât au Par-

H

lement : delà plufieurs prétentions nouvelles qui devinrent la matiere d'un immenfe procès : il fut inftruit au Confeil pendant une longue fuite d'années , & terminé enfin par un Réglement contradictoire du 6 Octobre 1691.

Comme il eft imprimé pag. 15 du Recueil des Titres du Parlement de Grenoble , & que le Vû qui précede fon difpofitif eft de 80 pages *in-folio* d'impreffion , il n'y a perfonne qui ne puiffe vérifier & les objets de conteftation qui divifoient alors les premiers Tribunaux de la Province , & les titres fur lefquels ils fe fondoient.

Dans les foixante-trois chefs de demande fur lefquels il s'agiffoit alors de faire droit , nous ne choifirons que ceux qui concernent l'objet de la queftion que le Parlement renouvelle aujourd'hui , & qui fut alors irrévocablement jugée.

Par le onzieme chef de ces demandes , le Parlement concluoit à *ce qu'il fût maintenu à connoître fur l'appel des Sentences des Tréforiers de France, de tous les procès mus & à mouvoir à raifon du Domaine de Sa Majefté.* La Chambre des Comptes demandoit de fon côté à être maintenue dans le droit & poffeffion *de connoître & faire droit fur les oppofitions formées à l'enrégiftrement des Lettres de don de lods, preftations de foi & hommage, & généralement fur toutes les conteftations incidentes aux affaires pendantes devant elle.* Le Parlement lui conteftoit cette com-

pétence ; il foutenoit qu'elle ne pouvoit connoître
ni des oppofitions formées aux preftations de foi &
hommage, ni d'aucune conteftation hors de la ligne
de compte. Il fe fondoit fur-tout fur la nature des
différents qui pouvoient s'élever à l'occafion de la
preftation de l'hommage, & entraînoient fouvent des
recours de garantie : en un mot il refufoit à la
Chambre des Comptes précifément le même contentieux qu'il lui difpute aujourd'hui. Voyons ce
que le Légiflateur a prononcé, & rougiffons d'être
obligés de plaider éternellement fur ce qui a été fi
folemnellement décidé.

L'article 29 du Réglement concerne la jurifdiction ordinaire du Domaine ; elle appartient au
Parlement, nous ne combattons point fes prétentions
à cet égard. Voici les termes de la Loi : ,, Main-
,, tient & garde Sa Majefté lefdits Tréforiers de
,, France en premiere inftance, & ledit Parlement
,, par appel de leurs Ordonnances, en la connoiffance
,, & jurifdiction de tous procès & différents civils,
,, mus & à mouvoir pour raifon du Domaine de
,, Sa Majefté , tant pour les droits fixes que pour
,, les cafuels & féodaux fans aucune exception.

Mais cette jurifdiction ordinaire en dernier reffort
ne fuffifoit pas au Parlement ; il prétendoit au pouvoir exclufif, & vouloit que la Chambre des Comptes
fût tenue de lui renvoyer le contentieux incident
à fon adminiftration. Voyons ce qui fut jugé.

Le Légiſlateur diſtingue le contentieux qui peut naître à l'occaſion du blâme, de celui auquel peut donner lieu le refus de la foi & hommage.

Par rapport à la foi & hommage, voici les termes des articles 3 2 & 3 5 qui concernent la juriſdiction de la Chambre des Comptes.

Art. 3 2. ,, Maintient Sa Majeſté ladite Chambre ,, dans le droit & fonction de juger & déclarer la ,, commiſe contre les poſſeſſeurs des biens étant dans ,, la mouvance de Sa Majeſté, faute de preſtation de ,, foi & hommage.

Art. 3 5. ,, Maintient ladite Chambre dans le droit ,, & poſſeſſion de connoître & faire droit ſur les ,, oppoſitions formées à l'enrégiſtrement des Lettres ,, de don de lods, preſtations de foi & hommage, ,, & autres Lettres, dont l'adreſſe aura été faite à ,, ladite Chambre ; & de faire droit ſur les conteſta- ,, tions incidentes aux affaires de la Chambre.

Que l'on nous permette quelques réflexions ſur ces deux articles. Ce n'eſt pas ſeulement la déclara- tion, c'eſt le jugement de la commiſe qui nous eſt attribué par cette diſpoſition. Ce n'eſt donc point ici un ſimple acte d'autorité, une fonction d'adminiſtra- tion ; c'eſt un jugement, & la Chambre doit le pro- noncer en connoiſſance de cauſe. Non ſeulement nous avons le droit, mais nous ſommes obligés d'examiner quelles raiſons a le poſſeſſeur du fief, pour ne point prêter la foi qui lui eſt demandée. Dire que nous ne

faifons que prononcer la commife , lorfque la foi n'a
point été rendue , mais que nous ne pouvons ni examiner ni juger les motifs du vaffal ; c'eft réduire à rien ,
c'eft anéantir notre pouvoir ; c'eft fuppofer dans
la Loi une difpofition illufoire & ridicule ; car la
prononciation même de la commife , fuppofe le
refus dont elle eft la punition. Or qui que ce foit
ne refufe la foi & hommage pour le feul plaifir de
faire confifquer fon fief : donc pour juger la commife,
il faut que nous examinions , non le feul fait du refus ,
mais fon motif : donc fi le moyen , fur lequel le vaffal
autorife fon refus , eft ou la prétention d'une tenure
allodiale , ou l'allégation d'une mouvance différente
de celle du Roi , nous fommes abfolument obligés
de juger l'une & l'autre queftion , fans quoi nous ne
ferions point autorifés à juger la commife ; ce qui eft
contradictoire avec les termes du Réglement. Voilà
donc déjà bien certainement un contentieux qui nous
eft accordé par l'article 32. Paffons au 35ᵉ.

Il nous autorife à connoître & à faire droit fur
l'oppofition formée à l'enrégiftrement des preftations de foi & hommage : donc fi quelqu'un ayant
fait la foi au Roi , ou demandant à la faire , un autre Seigneur vient former devant nous oppofition à
cet acte féodal , & foutenir qu'il eft lui-même le
fuzerain du fief , c'eft à nous qu'appartient le jugement de cette oppofition. Mais qu'eft-ce que connoître & faire droit fur une oppofition , finon exa-

miner les moyens fur lefquels elle eft fondée ? Car il faut ou prononcer la mainlevée fi l'oppofition eft frivole, ou lui donner l'effet le plus entier fi elle eft appuyée fur des titres : il faut donc juger entre le prétendu fuzerain qui s'oppofe, & le vaffal qui dit, je fuis l'homme du Roi. On ne peut ni connoître ni faire droit que fur un contentieux, & entre plufieurs Parties qui conteftent. Il feroit abfurde de foutenir qu'aux termes de l'article 35 nous ne pouvons prononcer fur l'oppofition que lorfque le vaffal cede & fe retire : en effet ce n'eft pas là connoître.

C'eft donc un véritable contentieux qui eft attribué à la Chambre par l'art. 35. Ce n'eft point, il eft vrai, une jurifdiction ordinaire ; on ne peut pas porter directement devant elle une conteftation qui ne feroit que cela : mais fi dans le cours de fon adminiftration, il s'éleve un contentieux qui ait pour objet de la traverfer, alors l'inftance eft incidente, elle en eft Juge, fans quoi elle n'auroit pas même une adminiftration fouveraine. Auffi le Légiflateur après avoir indiqué ceux des actes d'adminiftration (a) de la Chambre, qui donnent lieu le plus fouvent à des différents, ajoute en termes généraux, *qu'elle pourra faire droit fur les conteftations incidentes aux affaires de la Chambre.* Cette difpofition

_____

(a) L'enrégiftrement des Lettres de don de lods, les preftations d'hommage, l'enrégiftrement de toutes Lettres adreffées à la Chambre.

n'eſt point équivoque ; & l'on ne peut trop s'éton-
ner que le Parlement qui a cité lui-même cet article dans ſon Mémoire , oſe ſoutenir encore que la
Chambre n'a point une juriſdiction contentieuſe incidente : il n'y a pas d'apparence après cela que ce
ſoit ſur la juſtice de ſa cauſe qu'il fonde ſes eſpé-
rances.

Les art. 3 3 & 3 4 en attribuant au Parlement en
derniere , & aux Juges royaux en premiere inſtance
le contentieux qui s'éleve ſur le blâme , loin de
fournir aucune induction contre la preuve de notre
juriſdiction que nous venons d'expoſer , en confirment le principe : & en effet , le contentieux qui
dans ce cas appartient aux Juges inférieurs , n'eſt
lui-même qu'incident à une adminiſtration qui leur
eſt confiée. Voici les termes de ces articles : ʺ Et
ʺ à l'égard des aveux & dénombrements qui feront
ʺ préſentés à ladite Chambre (des Comptes) par
ʺ les vaſſaux de Sa Majeſté ; ordonne que le Pro-
ʺ cureur Général de ladite Chambre renverra leſ-
ʺ dits aveux aux Procureurs de Sa Majeſté ès Bail-
ʺ liages , Sénéchauſſées , & autres Juriſdictions
ʺ Royales reſſortiſſant nuement au Parlement, dans
ʺ le reſſort deſquels les fiefs feront ſitués, pour y
ʺ être lus & publiés par trois différents jours d'au-
ʺ dience ... deſquelles publications les Greffiers ...
ʺ feront tenus de donner des actes ou certificats
ʺ ſignés d'eux au bas deſdits aveux & dénombre-

» ments, & les envoyer au Procureur Général de
» ladite Chambre des Comptes, *art. 33.* Et en cas
» qu'il soit fourni aucun blâme, Sa Majesté or-
» donne que les contestations sur lesdits blâmes se-
» ront instruites, communiquées audit Procureur
» du Roi, & jugées par lesdits Juges en premiere
» instance, & en cas d'appel, par ledit Parlement
» de Grenoble ; pour être ensuite lesdits aveux &
» dénombrements reçus en la Chambre des Comptes,
» avec les publications faites & le jugement du
» blâme, si aucun en a été rendu, *art. 34.*

Développons les motifs de ces dispositions, &
faisons sentir celui sur lequel leur différence est fondée : c'est en remontant à la raison de la Loi, que
l'on en développe l'esprit.

La Chambre des Comptes doit mieux connoître
les mouvances du Roi, que tout autre Tribunal.
C'est dans ses archives qu'elle en garde les titres :
elle peut, & elle doit les examiner sans cesse, pour
conserver les droits qu'ils assurent. Les Juges ordinaires au contraire peuvent être plus au fait non
des mouvances, mais du détail des Domaines : ils
sont sur les lieux ; leur district est moins étendu, ils
doivent connoître la contenance des Terres, & les
différents droits qui y sont attachés.

Lorsque la foi & hommage est prêtée, la mouvance est reconnue, il n'y a plus à contester sur la
Seigneurie qui appartient au Roi : or comme c'est

devant

devant la Chambre des Comptes que fe prête la foi, fi incidemment à la preftation de l'hommage il s'éleve une queftion de mouvance, elle eft jugée par la Chambre. Voilà ce que décident les articles 32 & 35.

Alors vient l'aveu & dénombrement ; & cet acte féodal, poftérieur à la foi, ne donne lieu qu'à des queftions de fait fur l'intégrité de la déclaration qu'il contient. Pour rendre ces déclarations exactes, & pour mettre le Miniftere public en état d'y faire retrancher ou ajouter, il faut publier l'aveu fur les lieux. Le Réglement charge de cette publication le Tribunal le plus à portée d'examiner fi la déclaration eft entiere ; & cet acte de pure adminiftration eft confié aux Bailliages & Sénéchauffées. Mais incidemment aux fonctions dont ces Tribunaux inférieurs font chargés, il peut s'élever un contentieux ; le Procureur du Roi peut blâmer l'aveu ; les particuliers qui y ont intérêt, peuvent en demander la réformation ; le vaffal eft en droit de foutenir que fon dénombrement doit refter tel qu'il l'a donné. A qui appartiendra le jugement de la conteftation ? Au Tribunal obligé de publier l'aveu. Or comme les Baillis & Sénéchaux font dans le reffort du Parlement, l'appel des Jugements fur cette matiere fe porte devant lui : mais c'eft toujours le même principe qui décide ; & la différence n'eft que dans le fait. Tout Tribunal chargé d'adminiftrer, eft en même temps rendu com-

I

pétent pour juger les conteftations dont la décifion importe à fon adminiftration , & en fait pour ainfi dire partie.

L'identité du principe dans le cas de l'hommage & dans le cas de l'aveu , prouve donc la fageffe de l'une & de l'autre difpofition du Réglement. Celle qui eft en faveur des Juges ordinaires, prouve la juftice de celle qui concerne la Chambre des Comptes ; & c'eft parce que l'on a dû accorder aux Baillis (*a*) la connoiffance du contentieux fur le blâme , que l'on a dû également accorder à la Chambre celle du contentieux incident à la preftation de l'hommage.

Auffi les Chambres des Comptes dans lefquelles le Miniftere public eft chargé du blâme , jugent-elles le contentieux incident au blâme : ici la jurifdiction eft une fuite néceffaire de l'adminiftration.

D'après ce Réglement on ofe dire que la caufe eft jugée , & fur cela même il nous femble que nous pouvons oppofer au Parlement un dilemme auquel il lui fera difficile de répondre.

Prétendez-vous attaquer le Réglement de 1691 ? Soutenez-vous qu'il a mal jugé ? Vous trahiffez votre foibleffe ; car nous nous tenons derriere ce

---

(*a*) Au refte par une Déclaration du 17 Mars 1705 , la publication de l'aveu & le blâme du dénombrement ont été confiés aux Tréforiers de France , qui ont été fubftitués aux Baillis Royaux. Auffi le contentieux du blâme leur a-t-il été accordé : par-tout le principe & fon application font les mêmes.

rempart, & la néceffité où vous vous trouvez de
l'attaquer, nous difpenfe de tout effort. Nous avons
l'autorité de la chofe jugée, & la Loi fe fuffit à
elle-même.

Direz-vous que le Réglement n'a point donné à
la Chambre ce que vous lui difputez aujourd'hui?
En ce cas la queftion fera bientôt jugée, & toute
difficulté va fe trouver applanie ; car nous ne demandons que ce qui nous a été attribué par l'Arrêt de 1691 ; & tout ce que nous fouhaitons, c'eft
que l'Arrêt qui doit juger la queftion préfente, foit
rendu dans les mêmes termes.

Réfumons maintenant en peu de mots ce qui réfulte
des titres que nous venons de parcourir. Les Maîtres
Rationaux & Auditeurs qui formoient la Cour des
Comptes des anciens Dauphins, font auffi anciens
que tous les autres Officiers qui compofoient leur
Confeil. Jufqu'en 1340 ce Confeil fuivoit toujours
la perfonne du Souverain ; il étoit vraifemblablement
chargé & de la jurifdiction, & de l'adminiftration
du Prince. Les Maîtres Rationaux en faifoient partie
& y affiftoient.

En 1340 le Dauphin Humbert II fe forme un
Confeil fixe & fédentaire à Grenoble. Il lui confie
l'exercice de fa jurifdiction fouveraine ; mais il veut
que dans toutes les caufes où il s'agit de décider
des queftions incidentes à l'adminiftration des Maîtres Rationaux Auditeurs des Comptes, ceux-ci

I ij

jugent avec le Confeil, & aient abfolument le même pouvoir que lui. *Unà vobifcum in eifdem negotiis eamdem habeant poteftatem.*

Depuis cette époque jufques en 1628 les deux Compagnies font plutôt diftinctes que féparées, & fe réuniffent pour juger : mais toutes deux ont jurifdiction, & cela eft prouvé par les monuments même les plus favorables au Parlement, & entr'autres par le Concordat de 1564.

Dans cet intervalle cependant il s'élève plufieurs conteftations entre les deux Cours. La Chambre des Comptes fe plaint qu'elle n'eft point appellée aux Jugements ; le Parlement incidente fur les cas où il doit juger avec elle : toutes les décifions du Confeil qui interviennent, ou fuppofent ou confirment la jurifdiction contentieufe incidente qui appartient à la Chambre à raifon de fon adminiftration. Le Légiflateur intervient par des Lettres Patentes : tantôt pour punir le Parlement de fes refus, il ordonne que fes Officiers viendront eux-mêmes à la Chambre pour juger conjointement avec elle ; tantôt il donne à la Chambre la jurifdiction exclufive, & défend au Parlement de connoître des matieres dont elle eft faifie. Enfin en 1564 la Chambre confent par un Concordat de rentrer dans fon premier état. Les deux Compagnies fe réuniffent de nouveau, elles s'affemblent, elles exercent conjointement la jurifdiction contentieufe ; mais de nou-

velles difficultés troublent encore leur concorde , &
en 1628 Louis XIII fépare & rend indépendantes
l'une de l'autre deux Cours qui ne pouvoient s'accorder. Mais ôte-t-il quelque chofe à la Chambre
des Comptes ? non. Il lui laiffe la même jurifdiction
qu'elle avoit autrefois , & qu'elle doit alors exercer fans concours.

Enfin le Réglement de 1691 fixe nettement quelle
eft cette jurifdiction ; il décide qu'elle n'a lieu que
dans les affaires incidentes aux fonctions dont la
Chambre eft chargée. Il ne nous refte plus qu'à
faire voir comment les deux articles fur lefquels elle
fe fonde , ont été exécutés depuis cette époque, de
l'aveu & fous les yeux même du Parlement.

SECONDE PARTIE.

Poffeffion de la Chambre depuis 1691 jufqu'aujourd'hui.

NOS adverfaires prétendent que nous n'avons
aucune jurifdiction contentieufe. On leur objecte
l'Arrêt de 1691 , & contre l'évidence de fes difpofitions , ils foutiennent que toutes les fois qu'il y
a conteftation fur la mouvance que nous devons
maintenir par une adminiftration toujours ferme &
furveillante, nous fommes obligés de renvoyer la
queftion devant les Tribunaux deftinés à en connoître.
Voyons donc comment ont été exécutés depuis
1691 les art. 32 & 35 de ce Réglement. Ici la

Loi eft claire ; mais on fçait que lorfqu'elle préfente quelques difficultés, fon interprête la plus fure & la plus naturelle, eft la poffeffion.

Nous compoferions ici un volume énorme, fi nous voulions en rappeller tous les monuments ; il faudroit tranfcrire tous nos régiftres. Faifons donc un choix ; & dans le nombre infini de conteftations que nous avons jugées, ne préfentons que celles dans lefquelles les Officiers du Parlement ont été Parties. C'eft contre le Procureur Général que nous plaidons aujourd'hui : montrons lui que fes prédéceffeurs ont eux-mêmes & reconnu la compétence de la Chambre & réclamé fa jurifdiction.

Le 23 Juin 1717, M. Vidaud de la Tour, Procureur Général au Parlement, préfenta en fon nom une Requête à la Chambre des Comptes. Il y expofa que de fa Terre d'Anthon dépendoient plufieurs arriere-fiefs, dont les propriétaires fe préparoient à prêter foi & hommage au Roi à l'occafion de fon joyeux avénement. Il conclut à ce qu'il lui fût donné acte de l'oppofition qu'il formoit à l'hommage qu'ils avoient prêté en 1704, & ordonné que les Parties procéderoient fur fon oppofition.

En vertu de l'Ordonnance dont cette Requête fut répondue, il fit affigner les Carmes de Lyon & plufieurs autres propriétaires, & plaida contre eux. Demanda-t-il qu'attendu la conteftation, la caufe & les Parties fuffent renvoyées au Parlement ?

Non. Il inftruifit contradictoirement l'inftance avec tous ceux qu'il avoit lui-même traduit devant la Chambre : le 5 août 1720 intervint un Arrêt interlocutoire qu'il exécuta : le 13 août 1721 un arrêt définitif jugea la queftion contre les Carmes, & ordonna que les difpofitions qu'il prononçoit feroient tranfcrites en marge de l'hommage par eux prêté en 1704 ; & fur quelques autres objets prononça un interlocutoire. On voit encore les mémoires que fit imprimer pendant ce procès M. le Procureur Général au Parlement , & qui font autant de reconnoiffances de notre jurifdiction.

Ce n'eft pas affez , le Roi lui-même examina le Jugement de la Chambre , & confirma par fon approbation la compétence dont il étoit un monument contradictoire avec l'Officier chargé de maintenir celle du Parlement. En effet les Carmes fe pourvurent en caffation : leur requête fut admife ; la conteftation s'inftruifit au Confeil, & il y eut même un Arrêt qui évoqua les chefs qui étoient demeurés interloqués en la Chambre. Enfin le 21 Octobre 1732 un Arrêt contradictoire débouta ces Religieux de leur demande en caffation, & renvoya les Parties en la Chambre des Comptes de Grenoble , pour faire droit fur l'interlocutoire qu'elle avoit prononcé. Ce fecond procès fut terminé entre les Carmes & les héritiers de M. de la Tour , par une tranfaction du 30 Avril 1752, homologuée par

Lettres patentes qui furent adreſſées à la Chambre des Comptes, & par elle ſeule enregiſtrées.

Second exemple auſſi connu du Parlement que le premier. Il s'agit d'une Terre que les anciens Evêques de Die ont voulu ſouſtraire à la mouvance du Roi. Cette Terre nommée la Baronnie de Mé-vouillon, avoit été acquiſe par le ſieur du Puis de Montbrun, qui avoit été condamné par deux Arrêts du Parlement à en faire hommage à l'Evêque de Die. Après la mort du ſieur de Montbrun, elle paſſa au ſieur de la Tour-Gouvernet ; & celui-ci fut aſſigné à la requête du Procureur Général en la Chambre des Comptes, pour en prêter hommage au Roi. Le vaſſal n'ayant point ſatisfait, il y eut même Arrêt qui prononça la commiſe : & comme le ſieur de la Tour ne ſe préſentoit point, la Chambre par un Arrêt du 9 Novembre 1724, enjoignit au Re-ceveur du Domaine de ſe mettre en poſſeſſion de la Baronnie de Mévouillon.

Ce fut alors que le vaſſal vint former oppoſition aux Arrêts de la Chambre, & alléguer l'hommage qu'il avoit prêté à l'Evêque de Die. L'inſtance liée & réglée très-contradictoirement entre lui & le Pro-cureur Général, il fit aſſigner le Prélat comme ſon garant. Ce fut entre toutes ces Parties que la con-teſtation fut inſtruite. L'Evêque de Die produiſit ſes titres ; c'étoient des Arrêts du Parlement de 1643. Le Procureur Général y forma oppoſition ; & ce

contentieux

contentieux fi important, & par la nature de la queftion qu'il préfentoit, & par le caractere des titres qui étoient produits, fut jugé par Arrêt contradictoire de la Chambre du 19 Juin 1736, qui déclara la Baronnie de Mévouillon dans la mouvance immédiate du Roi, ordonna que le fieur de la Tour en prêteroit hommage à Sa Majefté dans le mois, à défaut de quoi l'Arrêt de main-mife feroit exécuté.

Le Parlement de Grenoble prétendra-t-il avoir ignoré cet acte de jurifdiction contentieufe ? Voici de quoi répondre à l'objection. Pendant que la conteftation fur l'hommage s'inftruifoit en la Chambre, le Receveur des Domaines du Roi pourfuivoit le fieur de la Tour devant les Tréforiers de France pour le paiement des lods : ceux-ci le condamnerent à payer, & il en interjetta appel au Parlement. Le Parlement infirma la Sentence, & débouta le Receveur des Domaines de fa demande par Arrêt du 24 Février 1736. Celui-ci avoit produit pour fes titres les Arrêts mêmes de la Chambre. Le Parlement fe contenta pour cette fois de priver le Roi de fon bien ; mais il ne fit point un procès à la Cour qui vouloit le lui conferver : & on doit même obferver que ce font les Arrêts de la Chambre, & non ceux du Parlement qui ont été exécutés. Le fieur de la Tour rendit fon hommage au Roi, & depuis ce temps les Evêques de Die ont renoncé à toutes prétentions fur cette mouvance.

K

Troisieme acte de possession. Le sieur de Varces, Conseiller au Parlement de Grenoble, informé que le sieur Garnier, possesseur du fief de Pelissiere situé dans la Terre de Varces, s'étoit présenté à la Chambre pour être admis à en faire la foi au Roi, vint lui-même lui présenter Requête, & forma opposition à la prestation de cet hommage. Il soutint que ce fief avoit été adjugé à sa mouvance par Arrêt du 28 Juin 1723. Sur cette question la cause fut appointée, & toutes les Parties produisirent leurs titres. Cette affaire ayant été négligée, le Procureur Général du Roi fut obligé de la réveiller en 1737, par une Requête dans laquelle il demanda que le sieur de Varces fût débouté de son opposition, & le sieur Garnier admis à son hommage. Le premier reprit l'instruction commencée, mais sa mort l'empêcha de la suivre : dans le moment présent le sieur Garnier est sur le point de prêter son hommage au Roi.

Quatrieme acte, toujours contradictoire avec des Officiers du Parlement : M. Aubert de la Bâtie, Avocat Général en cette Cour, avoit acquis une portion de la Terre de Claix. Le 2 Mai 1738 il est assigné à la requête du Procureur Général en la Chambre des Comptes, pour en prendre l'investiture & pour en rendre hommage. Au moment où il se présente, le Syndic du Chapitre de Notre-Dame de Grenoble intervient ; il demande d'être reçu oppo-

fant à cet hommage , & permiffion d'affigner M. de
la Bâtie. Ce Magiftrat répond ; & loin de décliner
la jurifdiction de la Chambre , il procede volontairement devant elle , & produit fes titres. Il fait plus ,
il forme lui-même oppofition à un Arrêt rendu par
la Chambre en 1684 , qui faifoit un des titres du
Chapitre. Celui-ci répond. M. de la Bâtie fait enfuite imprimer & diftribuer un Mémoire pour inftruire
fes Juges , mais meurt avant le jugement ; & l'inftance eft reprife par M. de Lemps fon héritier ,
Confeiller au Parlement de Grenoble. Ce poffeffeur
eft mort auffi avant la décifion ; & en 1766 fes héritiers ont été affignés par le Chapitre en reprife
d'inftance.

Cinquieme acte de poffeffion , d'autant plus concluant qu'on peut le regarder comme un aveu de
notre compétence fait par le Parlement lui - même.
M. de Vaulx fecond Préfident , & l'un des membres
les plus éclairés de cette Compagnie , ayant appris
que le Procureur Général en la Chambre des Comptes avoit fait prêter au fieur de Vallin l'hommage
de fon fief du Rouffel , vint lui - même renouveller
en 1759 une oppofition qu'il y avoit formée plus de
vingt ans auparavant. Sur cette oppofition il a préfenté Requête , & foutenu que ce fief étoit dans la
mouvance de fa Terre de Roche. Il a demandé que
l'Arrêt qui interviendroit fût tranfcrit en marge de
l'hommage fait au Roi.

Or quel eſt M. de Vaulx? non feulement l'un des plus reſpectés & des plus ſages Officiers du Parlement, mais celui que ſa Compagnie a mis elle-même à la tête d'un Bureau formé depuis quelques années pour le maintien de ſes droits & la conſervation de ſa juriſdiction. Ce Magiſtrat chargé de ſurveiller toutes les entrepriſes dont le Parlement pourroit ſe plaindre, a-t-il demandé dans cette occaſion que cette oppoſition fût renvoyée au Parlement? A-t-il décliné la juriſdiction de la Chambre? C'eſt lui au contraire qui porte volontairement la queſtion devant ces Juges que le Parlement regarde aujourd'hui comme incompétents.

Finiſſons par un dernier exemple, peut-être plus concluant encore que tous ceux que nous avons déjà cités. Le ſieur Amar avoit acquis un domaine nommé la Maiſon-forte de la Tour, ou le fief d'Avalon. Le Sous-Fermier des Domaines du Roi le fit aſſigner en paiement de lods & ventes devant le Bureau des Finances: la conteſtation y fut inſtruite, & par le Jugement le Sous-Fermier fut débouté & le domaine déclaré allodial.

Le Procureur Général en la Chambre des Comptes, mieux inſtruit par les titres qui ſont dans ſes archives, fit faire le 9 Mars 1737 un commandement au ſieur Amar pour qu'il eût à prêter hommage au Roi.

Le ſieur Amar ſe défendit, mit ſes vendeurs en

caufe & foutint l'allodialité de fon domaine. La
caufe déjà inftruite, le Sous-Fermier des Domaines
intervint & demanda acte de fon adhéfion aux conclufions du Procureur Général.

Alors le fieur Amar lui oppofa le Jugement du
Bureau des Finances. Ce Jugement ne pouvoit être
un titre contre le Procureur Général, qui étoit toujours en état de s'y faire recevoir oppofant. Le
Sous-Fermier mal confeillé en interjetta appel au
Parlement, & par là embarraffa l'affaire, puifque
les deux Compagnies fe trouverent faifies de la
même queftion.

Alors le fieur Amar adreffa un placet à M. le
Chancelier, pour le prier de décider devant quelle
Cour la conteftation devoit être inftruite. On fait
quel refpect les Compagnies avoient pour le grand
homme qui étoit alors le Chef de la Juftice. Il n'a
point vu ces mouvements qui depuis fa mort ont
agité tous les Tribunaux ; tout étoit encore à fa
place, lorfqu'il fut enlevé à la France. Mais nous
le difons avec confiance, nous le difons fous les
aufpices de l'illuftre Magiftrat, qui digne de le rempla-
cer, eft deftiné à faire revivre fes principes ; l'ordre
public eft indépendant des opinions & des paffions des
hommes : ce qui fut vrai, ce qui fut jufte il y a vingt
ans, n'a point ceffé de l'être ; & ce n'eft qu'en re-
venant aux maximes de nos peres, que nous verrons renaître dans les Compagnies ce calme fi néf-

peɛtable dont elles jouiſſoient alors pour le bonheur des peuples. Voyons quelle fut dans cette
occaſion & la conduite & la déciſion de M.
Dagueſſeau.

Il renvoya le placet du ſieur Amar au Procureur Général du Parlement, avec ordre de le com-
muniquer à celui de la Chambre des Comptes.
Celui-ci répondit par un mémoire dans lequel il
cita comme déciſif l'Arrêt de réglement de 1691.
Ce fut le Procureur Général au Parlement qui renvoya lui-même à M. le Chancelier le mémoire de
la Chambre des Comptes; & il y joignit une lettre
qui lui fait trop d'honneur pour n'être pas conſervée.
En voici les termes.

MONSEIGNEUR,

M. *le Procureur Général de la Chambre des
Comptes* PROUVE ÉVIDEMMENT *par ſon mémoire,
que la queſtion de la mouvance qu'il a élevée, &
pour laquelle il a fait aſſigner le ſieur Amar, ne
peut être tirée de la Chambre des Comptes, & qu'elle
doit y être décidée indépendamment de l'appel du
Fermier du Domaine; les raiſons qu'il apporte paroiſſent* CONVAINCANTES; *& je penſe comme lui
qu'il n'eſt pas poſſible d'arrêter le cours de l'inſtance
commencée au ſujet de la preſtation de foi & hommage. Mais il ne ſeroit pas juſte que le ſieur Amar
& les autres particuliers qui ſont intéreſſés en cette*

affaire, euffent un procès à foutenir contre M. le Pro-cureur Général de la Chambre des Comptes, pendant que le Fermier du Domaine pourfuivroit au Parlement l'appel qu'il a interjetté. Je ferai furfeoir, fi Votre Grandeur le juge à propos, le jugement de cet appel, jufqu'à ce que la queftion de la mouvance foit décidée par la Chambre des Comptes. Je fuis, &c.

La bonne foi & la candeur de cette lettre nous rappelle des temps plus heureux que ceux où nous vivons : le Parlement de Grenoble qui parle ici par l'organe du Magiftrat deftiné à ne faire parler que les loix, confultoit fes devoirs & laiffoit dormir fes prétentions. Il ne cherchoit point alors à réformer les loix, mais à les fuivre.

Quelle fut la réponfe de M. le Chancelier à cette Lettre fi noble & fi jufte ? (*a*) Le Parlement la con-noît fans doute ; mais il ne la produira point : jugeons de ce qu'elle contenoit par ce qui arriva. L'avis du Procureur Général au Parlement fut fuivi ; il fut furfis au jugement de l'inftance dont le Parlement étoit faifi. La conteftation fur l'hommage continua de s'inftruire en la Chambre des Comptes : elle fut jugée contradictoirement entre les Parties par Arrêt du 14 Août 1744, qui condamna le fieur Amar à faire

(*a*) M. de la Tour, l'un des meilleurs Procureurs Généraux que le Par-lement ait eus, remit lui-même au Procureur Général de la Chambre des Comptes la copie de la lettre qu'il écrivoit à M. le Chancelier. Tout fe fit de concert entre les deux Magiftrats.

au Roi l'hommage qu'il lui avoit refufé. Apres un
pareil Jugement, celui des Treforiers de France tomba
de lui-même, & le Sous-Fermier du Domaine fe crut
difpenfé de fuivre fon appel au Parlement.

Apres des monuments auffi victorieux d'une pof-
feſſion contradictoire avec le Parlement même, il
feroit faſtidieux de rappeller une foule d'Arrêts rendus depuis 1691 fur des conteſtations très-vives
entre le Procureur Général & les Particuliers les
plus diſtingués de la Province (a). Tous nos Ré-
giſtres en font pleins, & aujourd'hui même il y a
plus de trente inſtances (b) inſtruites contradictoirement fur la mouvance du Roi, & qui malgré des
Arrêts interlocutoires exécutés de part & d'autre,
devroient être renvoyées au Parlement, fi fa prétention pouvoit détruire les difpofitions des Loix
que nous avons fuivies jufqu'ici.

Qu'il attaque donc aujourd'hui le Réglement de
1691;

(a) Arrêt du 7 Juin 1745 entre le Procureur Général & l'Évêque de Grenoble, pour l'hommage de la Terre de Rezara. Autre Arrêt entre le Seigneur
du Pay Saint-Martin & le Seigneur de la Garde, &c. &c.

(b) Inſtance entre M. l'Archevêque de Vienne & le fieur de Montcheau
pour la Terre de Colaure. Autre entre les fieurs de Caſtellane, Mareſton
de Chabrillan, & le Procureur Général, pour les Granges-Gontardes. Autre
entre M. l'Archevêque & le Chapitre de Vienne, le Maréchal de Clermont,
& le Procureur Général, pour la Terre de Clermont. Autre entre le fieur
de Teucin, le fieur Roland, & le Procureur Général, pour le fief d'Erpes.
Autre entre le Chapitre de Vienne, le fieur de la Porte & le Procureur
Général, pour la Terre de Rotiers. Autre entre l'Évêque de Valence, le fieur
de Pizron, & le Procureur Général, pour la Terre de Charmes. Autre entre
la dame de Lautier, le fieur Goudard-Ginelin, & le Procureur Général
pour le fief de Malaubert, &c. &c.

1691 ; qu'il dife , c'eſt une mauvaiſe loi : nos yeux
ſe ſont ouverts; depuis dix ans nous avons découvert
une infinité de droits dont nous n'avions point joui :
il eſt temps de rentrer dans la plénitude de notre
puiſſance ; & depuis les Capitulaires de Charlema-
gne , nous avons laiſſé tout perdre. Qu'il le diſe ! Et
pour nous qui ne remontons pas ſi haut , & qui nous
mettons bonnement à l'abri des dernieres loix , ſans
en aller chercher de meilleures dans la nuit des
ſiecles paſſés , nous reſterons où nous ſommes , en
attendant que tout ſoit détruit & réformé. Mais qu'il
ne vienne pas dire, le Réglement de 1691 ne donne à
la Chambre des Comptes aucune juriſdiction ; elle ne
l'a jamais exercée ; elle n'a jamais connu des oppoſitions aux preſtations de foi & hommage : s'il eſt un
droit fondé ſur un titre clair , ſur une poſſeſſion conſtante , ſur une poſſeſſion connue du Parlement &
contradictoire avec lui ; c'eſt celui dans lequel nous
ſommes troublés, & dont on voudroit nous dépouiller.

Mais comme nous plaidons devant le Légiſlateur
ſuprême , comme le Parlement paroît faire peu de
cas des loix anciennes , & vient aujourd'hui en demander de nouvelles , juſtifions l'ancienne légiſlation
que l'on voudroit réformer ; & après avoir démontré
que nous avons pour nous la régle , démontrons
avec la même évidence que la régle eſt juſte & ſage,
& que la détruire , c'eſt nous anéantir : nous avons
cité les loix , invoquons maintenant leur eſprit.

L

TROISIEME PARTIE.

Efprit & motifs des Loix que nous avons citées.

C'EST fur la tête du Roi que réfident éminemment ces trois pouvoirs, dont la réunion forme l'effence de la fouveraineté, celui de tout régler par des loix, de tout décider par des jugements, de tout adminiftrer par des ordres.

Ces fonctions ont été partagées : difons mieux, nos Rois fe font choifi des Confeils deftinés à les éclairer dans l'exercice de ces trois genres d'autorité. Ils ont eu autour de leur Trône des Miniftres & des Sages dont ils ont interrogé la confcience, lorfqu'il a été queftion de faire des loix ; & dans leurs Cours des Officiers chargés de connoître & d'appliquer dans l'exercice, & de la jurifdiction & de l'adminiftration, les regles dont ils ne font que les exécuteurs.

Mais tout Magiftrat qui commande & qui prefcrit, eft réellement dépofitaire de l'autorité du Souverain : car fi les confeils font à nous, fi nous tenons de Dieu les lumieres, le pouvoir appartient au Roi. C'eft lui qui prononce en Légiflateur dans fes Confeils, en fouverain Juge ou en fouverain Adminiftrateur dans fes Tribunaux. C'eft lui qui maintient dans un Parlement les droits de fes fujets ; c'eft lui qui conferve & revendique les fiens dans une Cour des

Comptes. L'autorité qui appartient aux Parlements
eſt donc abſolument de la même nature que celle
qui appartient aux Chambres des Comptes : diſons
mieux , elle eſt la même , car elle eſt celle du Monarque : la différence n'eſt point dans le pouvoir ,
elle eſt dans les objets ſur leſquels l'une & l'autre
Compagnie doit répandre la lumiere. Le Roi a dit
aux Parlements : » Mes loix ont tout réglé ; ce ſont
» elles qui ont jugé d'avance toutes les queſtions
» ſur leſquelles vous ne ferez qu'annoncer leur dé-
» ciſion. Mais je vous promets de m'en rapporter
» à votre jugement ſur les faits auxquels elles doi-
» vent être appliquées ; & ce qu'elles auront pro-
» noncé, vous le ferez exécuter en contraignant les
» particuliers à leur obéir : c'eſt ce dernier pouvoir
» qui vous rend Magiſtrats ; celui de juger eſt plu-
» tôt un devoir qu'une autorité , il ne vous aſſure
» que ma confiance.

Il a dit aux Chambres des Comptes : » En main-
» tenant l'ordre qui doit régner dans la recette &
» la dépenſe de mes revenus , vous ferez chargés
» d'empêcher qu'ils ne ſoient altérés. Vous ferez dé-
» poſitaires des titres qui aſſurent à ma Couronne
» toutes ſes mouvances , & vous exigerez de mes
» ſujets les actes qui doivent en perpétuer la
» chaîne : vous rappellerez à moi tous les droits
» féodaux que la négligence ou la mauvaiſe volonté
» de mes Officiers auroit laiſſé éclipſer. En un mot,

» véritables Magiftrats, puifque je vous donne le
» pouvoir de contraindre, vous forcerez mes vaf-
» faux de reconnoitre ma Seigneurie, & vous pro-
» noncerez contr'eux la commife : voilà votre auto-
» rité. Vos devoirs feront de n'en faire ufage que
» conformément à la juftice ; car je la refpeſte moi-
» même, & je ne veux point que les droits de ma
» Couronne puiffent préjudicier aux propriétés de
» mes fujets.

Les Officiers des Chambres des Comptes font
donc auffi véritablement Magiftrats que ceux des
Parlements ; car ce qui fait le Magiftrat, ce n'eft
pas le devoir de juger, c'eft la puiffance; & l'une
& l'autre Compagnie exerce l'autorité du Roi fur
fes Sujets.

Mais cette autorité confiée & aux Parlements
& à nous relativement à des fonſtions différentes,
a deux caraſtéres qui lui font communs. 1.° Elle
eft fuprême. Le Roi fe repofe fur nous, comme fur
le Parlement, de l'examen du fait auquel nous appli-
quons la régle, & nous prononçons en dernier reffort. 2.° Cette autorité n'eft point aveugle : elle a
des loix à confulter, des titres à examiner ; car fi
un poffeffeur traduit devant nous comme vaffal du
Roi, juftifie par des titres qu'il ne l'eft point, nous
le déchargeons de la demande.

Or toute autorité qui réunit en même temps &
le dernier reffort du pouvoir, & la néceffité d'exa-

miner le fait & de confulter la Loi , eft néceffairement une jurifdiction.

Il eft des pouvoirs miniftériels qui font en même
temps & fuprêmes & aveugles ; mais grace à la fageffe
de notre conftitution, il n'eft en France aucune Magiftrature qui foit l'organe d'un pareil pouvoir. Il
eft même incompatible avec l'idée d'une Puiffance
de gouvernement. Il eft le pouvoir militaire : mais
toutes les fois que l'autorité de contraindre eft jointe
au devoir d'examiner, il y a jurifdiction, & cela eft
dans la nature de la chofe.

Que le Roi dife à un de fes Miniftres : tel Commandant de Place a manqué à la fidélité qu'il me
doit ; ôtez-lui fon emploi : il confie certainement à
ce Miniftre un pouvoir fouverain, car il lui remet
l'exercice de fa puiffance abfolue ; mais dans ce cas
cet exercice eft aveugle, car le Roi a jugé , & le
Miniftre n'eft qu'exécuteur de fes ordres.

Mais s'il lui dit : on m'a fait des plaintes de ce
Commandant ; je le foupçonne , mais il peut être
innocent. Allez, examinez. Je vous donne le pouvoir
de le dépouiller & de le conferver. Ce Miniftre
alors dépofitaire d'un pouvoir auquel eft joint un
devoir différent de celui de l'obéiffance, n'eft-il pas
néceffairement Juge ? N'eft-ce pas lui qui doit pefer
les raifons & examiner la conduite de l'homme, qu'il
ne peut ni dépouiller fans l'avoir jugé , ni juger fans
l'avoir entendu ?

On nous dira fans doute que le Roi peut partager ces fonctions , confier à l'un celle d'examiner la conduite de l'accufé , & à l'autre celle de lui ôter fa place. Cela eft poffible ; mais cela eft en même temps contre notre hypothefe ; car le pouvoir qu'il aura confié au fecond fera un pouvoir fubordonné , dépendant & conditionnel. Or nous fuppofons ici un pouvoir en dernier reffort , un pouvoir indépendant.

Toute la queftion fe réduit donc ici néceffairement à favoir quelle eft la nature du pouvoir que le Roi a confié à fes Chambres des Comptes. Ne leur a-t-il confié qu'une puiffance fubalterne ? N'ont-elles que la fimple exécution de décifions , dont les motifs doivent leur être étrangers ? Le Parlement a raifon. Nous n'avons aucune jurifdiction contentieufe ; mais dans ce cas-là , il faut nous ôter même le contentieux qui naît à l'occafion de la ligne de compte ; & lorfqu'un comptable contefte , il faut renvoyer au Parlement le jugement de la queftion : car on ne peut trop obferver que le contentieux que nous décidons alors , n'eft qu'un contentieux incident. Il fe préfente à l'occafion de la ligne de compte , qui fait partie de l'adminiftration qui nous eft confiée.

Si au contraire le pouvoir d'adminiftration qui nous eft confié eft en même temps & un pouvoir éclairé , & un pouvoir en dernier reffort ; s'il eft néceffaire que nous difcutions les motifs qui doivent nous déterminer ; la même induction que l'on a tirée de la reddition du compte au contentieux qu'il éleve quelquefois, on doit également la tirer de la prefta-tion de l'hommage, qui n'eft qu'une reconnoiffance de la mouvance, au contentieux qui peut s'élever fur la mouvance : les raifons font abfolument les mêmes. Il n'y a point de comptable qui n'éludât notre pouvoir, fi en conteftant il pouvoit le faire ceffer, & nous obliger de le renvoyer devant d'autres Juges. Il n'y a point de vaffal qui ne pût fe fouftraire à l'autorité dont nous faifons ufage, en lui comman-dant de reconnoître la mouvance du Roi, fi pour nous forcer de le renvoyer au Parlement, il lui fuffi-foit de la méconnoître, & d'annoncer qu'il veut plaider contre le Procureur Général. En un mot nous ne réclamons ici qu'un contentieux incident ; mais nous prétendons que nous devons l'avoir fur toutes les parties de l'adminiftration qui nous eft confiée, par la même raifon & les mêmes motifs qui nous l'ont fait accorder fur la ligne de compte : fans cela on feroit plus que diminuer notre pouvoir, on le détruiroit entiérement ; & en croyant ne nous ôter qu'une autorité de jurifdiction, on nous prive-roit réellement de cette adminiftration fouveraine qui ne nous eft pas difputée.

Ces vérités font fi frappantes, elles font tellement prifes dans la nature de la chofe, qu'elles n'ont jamais ceffé de recevoir leur application, & qu'elles ont fervi de motifs & à toutes les loix publiées, & à

tous les ufages introduits relativement à l'adminiftration.

Si un Corps auquel elle eft confiée en a le dernier
reffort , il doit avoir néceffairement la connoiffance
des moyens & des raifons par lefquelles un particulier voudroit arrêter l'activité des loix d'adminiftration : il doit pouvoir pefer ces raifons , les apprécier,
les rejetter , ou les admettre : nous l'avons établi
par des raifonnements fans replique : appuyons ceux-
ci par des exemples.

Le Conseil du Roi n'a par lui-même aucune jurifdiction contentieufe : il adminiftre fous les ordres du
Souverain, & ne peut fans une attribution particuliere connoitre des conteftations qui naiffent entre
fes fujets. Les Commiffaires qui fous le nom d'Intendants font exécuter, dans les Provinces confiées à
leurs foins, les ordres de Sa Majefté & les décifions
de fon Confeil, font des adminiftrateurs, & ne font
pas des Juges. Cependant que le Confeil du Roi
ait rendu un Arrêt ; que les Commiffaires départis
aient fait publier quelques Ordonnances relatives
à l'adminiftration qui leur eft confiée ; le particulier qui s'oppofe à leur exécution, n'a d'autre Juge
des moyens fur lefquels il fonde fa réfiftance, que
l'autorité d'où émane l'ordre auquel il refufe de fe
foumettre. Il nait alors une efpece de contentieux
entre le fujet que l'on veut contraindre , & la
Partie publique qui eft toujours fuppléée lorfqu'aucun

cun Officier n'eft chargé d'en remplir les fonctions.
Le Confeil examine alors, il écoute, il balance les
raifons ; il juge enfin, foit pour faire rendre à fes
ordres l'obéiffance qui leur eft due, foit pour les
révoquer s'ils ont été furpris ; mais jamais la connoiffance & l'examen des moyens qui font mis alors
dans la balance, ne font renvoyés à d'autres Juges.

Seroit-ce donc parce que les Cours des Comptes
ont dans leur fein un Officier chargé de former toutes les demandes qui intéreffent le maintien & la
confervation des mouvances du Roi, & d'écarter
tout ce que l'on peut oppofer à leur exercice ; feroit-ce parce que cet Officier y eft le contradicteur
naturel de l'injuftice & de la mauvaife volonté ; feroit-ce enfin, parce qu'aux côtés de ce Magiftrat le
Roi en auroit placé d'autres, qui ne font deftinés qu'à
porter la parole dans toutes les conteftations qui
peuvent s'élever fur fes droits ; feroit-ce par ces raifons que l'on refuferoit aux Chambres des Comptes
cette efpece de contentieux incident, qui tous les
jours eft porté devant les Intendants des Provinces
& devant toutes les Commiffions fouveraines établies
pour adminiftrer ?

Allons plus loin, & voyons comment s'eft formée cette jurifdiction contentieufe dont jouiffent les
autres Cours du Royaume. Commençons par les
Cours des Aides. Que furent-elles dans leur origine ? Les Parlements exiftoient avant elles, & les

M

Parlements couvroient tout le territoire du Roi.
Tout le monde peut fe rappeller que fous les regnes
malheureux des premiers Valois , & lorfqu'on demanda aux Peuples ces Aides , dont la premiere
deftination fut la rançon du Roi Jean, on établit les
Généraux des Aides , dont les fonctions furent de
veiller au recouvrement & à l'emploi des fommes
accordées par le Peuple. Ce ne fut point une jurifdiction proprement dite, ce fut une véritable adminiftration qui fut confiée à ces Officiers, à la tête def-
quels on voyoit les perfonnes les plus refpectables
de l'Etat : mais cette adminiftration eut été impuiffante , fi les Généraux des Aides n'euffent eu des
armes contre la mauvaife volonté ; & ces armes
n'euffent été qu'odieufes aux peuples , fi le Légiflateur n'eût placé à côté d'elles l'œil vigilant de fa
Juftice. Les Corps prépofés pour l'adminiftration des
Aides exercerent donc , fans qu'il fût befoin de titre
particulier, cette efpece de jurifdiction contentieufe,
fans laquelle il étoit impoffible qu'ils adminiftraffent.
Nos Rois fe contenterent d'ordonner que les Arrêts
des Généraux des Aides feroient exécutés comme
ceux des Parlements; & ceux-ci ne crurent point que
l'on entreprît fur leur compétence , lorfque l'on décidoit des queftions tellement relatives à l'affiéte & à la
perception de l'impôt, que cette affiéte & cette perception euffent été impoffibles , fans la connoiffance
& l'examen de l'obftacle qui leur étoit oppofé. Difons-

le donc avec confiance, & fur cela nous ne ferons
defavoués par aucun Parlement : la jurifdiction dont
jouiffent encore les Cours des Aides fut, dans l'origine, incidente à leurs fonctions ; elle fut la fuite de
leur adminiftration.

Nous pourrions citer dans le Royaume un très-
grand nombre de Corps qui prononcent de véritables
jugements, & auxquels la jurifdiction n'eft point difputée, quoiqu'elle n'ait été & qu'elle ne foit encore
qu'incidente à leur adminiftration. Qu'étoient, & que
font encore les Bureaux des Finances ? Ils ont été
placés en 1628 fous le reffort des Parlements;
mais ne jugeoient-ils jamais auparavant ? eft-ce le
Parlement qui leur a fait part de la jurifdiction qui
appartenoit auparavant aux Sénéchauffées ? Nos Rois
n'ont-ils pas regardé, plus d'un fiécle avant 1628,
l'adminiftration des Tréforiers de France, comme
entrainant néceffairement une compétence fuffifante
pour juger les queftions dont la décifion importoit
effentiellement aux fonctions dont ils étoient chargés?
Que dirons-nous des Maitres des Ports, & des Juges
des Traites ? Que dirons-nous des Greniers à Sel, qui
rendent des Sentences dont les appels font portés
aux Cours des Aides ? Ces Officiers des Gabelles
furent-ils établis originairement pour juger des caufes ? non. Mais l'adminiftration une fois donnée, le
pouvoir, fans lequel on ne pourroit adminiftrer,
a été néceffairement, ou fuppofé quand on ne l'a

M ij

point contefté, ou attribué nommément par le Souverain, lorfque l'on s'eft avifé de le difputer aux
Adminiftrateurs.

Ce n'eft pas tout, il faut pouffer jufqu'au bout
les preuves de notre principe. Que diront nos adverfaires fi on leur prouve que le Parlement lui-même,
qui certainement eft dépofitaire d'un pouvoir de jurifdiction, n'a eu originairement le contentieux qu'incidemment à fon adminiftration, & tel que l'a encore
aujourd'hui le Confeil du Roi?

Nous parlons à des Magiftrats éclairés, & nous
n'avons pas befoin de faire de profondes differta-
tions fur des faits hiftoriques dont ils font inftruits
mieux que nous. Ils favent, & les Parlements l'ont
eux-mêmes répété mille fois, que le Parlement fut
originairement le Confeil attaché à la perfonne du
Souverain, & la fuivant toujours pour pouvoir
être confulté fans ceffe fur toutes les affaires du gouvernement. Quelles étoient alors fes fonctions? l'adminiftration la plus vafte & la plus importante. La
Cour des Pairs s'y joignit enfuite, & celle-ci même
ne jugeoit que les procès qui intéreffoient la vie &
l'honneur des vaffaux immédiats de la Couronne.
Mais le Parlement, véritable Confeil du Monarque,
n'étoit point encore chargé de la jurifdiction ordinaire.

Par qui étoit-elle alors exercée, & comment le
dernier reffort en fut-il confié au Parlement?

1.° Cette jurifdiction étoit attachée aux fiefs, qui eux-mêmes avoient été originairement des Offices royaux fujets à l'inftitution & à la deftitution, & qui étoient alors des Offices attachés à la glebe, que le Roi ne pouvoit ôter que dans le cas de fé-lonie. Ces fonctions de l'Office continuerent lors même qu'il eut été en quelque façon dénaturé par la barbarie du fyftême féodal. Les Ducs, les Com-tes & les autres vaffaux avoient jugé en dernier reffort, comme Magiftrats & dépofitaires de l'auto-rité du Roi. Ils continuerent de juger également, ou de faire juger par leurs Officiers; mais ils fe cru-rent propriétaires de la puiffance dont ils n'avoient été que les organes; & c'eft précifément parce qu'ils avoient jugé fouverainement, qu'ils fe crurent fou-verains eux-mêmes.

2.° Lorfque nos Rois commencerent à rentrer dans l'exercice de cette autorité imprefcriptible qu'ils n'avoient voulu, ni pu aliéner, ils établirent des Bail-liages royaux auxquels ils attribuerent le dernier degré de jurifdiction ordinaire. Ces Baillis étoient de véritables Magiftrats, qui prononçoient au nom du Roi en dernier reffort.

Qu'étoit alors le Parlement? Inféparable du Mo-narque fans lequel il n'eft rien, il étoit, nous venons de le dire, fon Confeil. Mais incorruptible gardien de nos maximes dans ces temps d'ignorance où les Seigneurs, ayant perdu les véritables idées de la

Monarchie, ne voyoient dans le Roi qu'un fupérieur
dont à bien des égards ils fe croyoient indépendants,
le Parlement ne voyoit dans les vaffaux eux-mêmes
que des fujets. Il fut, il faut lui rendre cette juftice,
le défenfeur de la mouvance & du reffort, reftes
précieux, reftes inaltérables de la fouveraineté, &
deftinés à lui rendre toute fon activité.

Mais comment s'acquitterent-ils de cette fonction ?
comme s'en acquitte aujourd'hui le Confeil lui-même,
qui, fans être Juge, furveille l'adminiftration de la
Juftice dans tout le Royaume. Il n'étoit point Tribunal chargé de décider les conteftations ; mais il
étoit, fous les ordres & en la préfence du Roi, adminiftrateur fouverain, ou plutôt confeil de fon
adminiftration fouveraine : ainfi il n'exerçoit point le
dernier degré de jurifdiction. Mais il n'y avoit aucune injuftice, de quelque nature qu'elle fût, que
l'on ne pût déférer au Roi : le Parlement étoit néceffairement confulté, toutes les fois que l'on portoit
au Monarque des plaintes contre les Juges iniques.
Les appels n'étoient donc que des efpeces de prifes
à partie : on traduifoit devant le Trône le vaffal qui
refufoit la juftice, ou qui fe rendoit coupable d'une
iniquité. Lui-même ou fes Officiers étoient obligés
de fe juftifier ; & le jugement étoit caffé, comme
encore aujourd'hui le Confeil, fans être Juge, caffe
les Arrêts des Cours fouveraines, auxquelles on
commence prefque toujours par demander le motif
de leur décifion.

Au furplus , l'adminiſtration dont le Parlement
étoit chargé , étoit ſouveraine , puiſque le Roi étoit
toujours regardé comme préſent à ſes aſſemblées :
elle étoit éclairée , puiſque celles-ci n'étoient com-
poſées que de gens obligés par état de conſeiller
le Prince. Qu'arriva-t-il delà ? Toutes les fois qu'incidemment à l'adminiſtration dont il étoit chargé ,
le Parlement ſe trouvoit ſaiſi d'un différent entre des
particuliers , il avoit en lui tout ce qui étoit néceſ-
ſaire pour le décider , puiſqu'il avoit & conſeil &
puiſſance : il décidoit donc , parce qu'inutilement eût-
il été chargé d'une adminiſtration qui ſuppoſe la per-
pétuelle action des Loix , s'il n'eût pas été le maître
d'arrêter l'obſtacle qui s'oppoſoit à leur reſſort.

A meſure que le pouvoir militaire des vaſſaux
diminua , l'autorité du Souverain , qui eſt eſſentielle-
ment un pouvoir moral fondé ſur la regle , recouvra
ſes droits : le recours au Prince devint plus fréquent,
& les conteſtations ſe multiplierent. Ce fut alors que
nos Rois rendirent leur Conſeil ſédentaire : ce fut
alors qu'ils lui preſcrivirent des ſéances marquées
pour écouter les plaintes de tous leurs Sujets : ce fut
alors en un mot qu'ils lui confierent l'exercice ordinaire de leur juriſdiction , & que les appels , qui
n'avoient été que des priſes à partie , ou tout au plus
des demandes en caſſation , telles qu'elles ſont encore
aujourd'hui portées au Conſeil du Roi , devinrent une
forme ordinaire pour indiquer la dévolution de la

caufe du Tribunal inférieur au fupérieur. Tel étoit l'état du Parlement de Paris, lorfque les Rois en ont fucceſſivement créé d'autres dans toutes les Provinces. Ceux-ci ont été créés à l'inſtar de celui qui exiſtoit déjà, & ont été Cours de Juſtice en naiſſant ; parce que lors de leur établiſſement, le Parlement de Paris leur modele étoit lui-même Cour de Juſtice. Mais il n'en eſt pas moins vrai que d'abord la juriſdiction contentieuſe fut incidente à l'adminiſtration, parce que celle-ci étoit fouveraine & éclairée.

Ce que nous difons du Parlement de France, nous le dirons également de celui du Dauphiné, qui ne fut jamais ni une émanation ni un démembrement du premier : il étoit le Conſeil des Dauphins, & chargé de l'adminiſtration ; mais il étoit obligé de connoître d'une infinité de matieres contentieuſes. Humbert II, en 1340, en fit le Tribunal ordinaire & fuprême de toute la province.

Convenons donc qu'il eſt dans la nature des chofes, qu'une Compagnie à laquelle le Roi confie une adminiſtration fouveraine qui doit être éclairée par les Loix & précédée d'une délibération, ait en même temps toute la portion d'autorité, fans laquelle cette adminiſtration deviendroit ou aveugle, ou fubordonnée. Or c'eſt ce pouvoir que nous nommons juriſdiction ; & elle devient contentieuſe toutes les fois que le fujet qui lui eſt effentiellement foumis, ou conteſte ou veut arrêter l'action de la loi que l'adminiſtrateur eſt chargé d'ap- pliquer.

pliquer. Le Roi nous ordonne de forcer ſes vaſſaux
à lui faire la foi & hommage ; mais il veut que nous
examinions en même temps ſi réellement ceux que
nous pourſuivons ſont ſes vaſſaux. Si donc il ſuffit à
un poſſeſſeur de fief de dire, je ne ſuis point vaſſal
du Roi, pour ſuſpendre tout exercice du pouvoir
qui nous eſt confié ; ſi alors il nous eſt interdit de
juger de ſes devoirs, ſi nous devons tout renvoyer
au Parlement ; nous ne ſommes plus que des exécuteurs aveugles de ce que le Parlement nous preſcrira.
Nous n'avons pas même ce pouvoir d'adminiſtration
que l'on ne nous diſpute point.

On nous dira ſans doute, que ces Compagnies
qui ont commencé par l'adminiſtration, ont eu enſuite des Edits ou des Lettres patentes qui leur ont
attribué la juriſdiction. Mais, 1.° obſervons que
ce n'eſt pas la loi, mais ſon motif que nous in-
terrogeons ici. Or ſi nos Rois ont cru devoir confier la juriſdiction contentieuſe aux Corps chargés
d'une adminiſtration, lorſque ſans cette juriſdiction
l'adminiſtration auroit été impuiſſante, nous en devons conclure que le motif de ces loix milite en notre faveur. 2.° Nous avons nous-mêmes, & toutes les
Chambres des Comptes ont comme nous ces loix
attributives de la juriſdiction contentieuſe, incidente
aux objets de leur adminiſtration. La Chambre des
Comptes de Paris reçoit les aveux. Voilà une partie
de ſon adminiſtration. Voici ſa juriſdiction ſur cet

N

objet. *Les oppositions*, porte l'art. 10 de la Déclaration du 18 Juillet 1702, *qui seront formées à la réception des aveux en notre Chambre des Comptes par notre Procureur général, Receveur & Contrôleur des Domaines, feront jugées en notre Chambre en la maniere ordinaire.* La Chambre des Comptes de Dijon a pareillement les aveux & dénombrements. Voilà son administration. Quant à la jurisdiction contentieuse sur cet objet, elle lui est formellement attribuée par l'article premier de l'Arrêt contradictoire du Conseil du 7 Août & des Lettres patentes du 8 Septembre 1727, qui la maintient, contre la prétention du Parlement & du Bureau des Finances de cette Ville, *dans le droit & possession de juger en dernier ressort des oppositions que le Procureur Général juge à propos de former à la réception des aveux & dénombrements pour la conservation des droits du Roi.* La Chambre des Comptes de Normandie a également des Déclarations & des Lettres patentes qui confirment sa jurisdiction, & notamment l'Arrêt du Conseil, contradictoirement rendu en 1697 entre elle, les Trésoriers de France de Caen, Rouen & Alençon, & sur l'intervention du Parlement de cette Province : par-tout le contentieux incident est supposé une suite de l'administration.

Finissons cette discussion par une loi générale qui doit être regardée comme le cri de la raison, & le vœu

général de la Nation, puifqu'elle fut délibérée dans des
États généraux , & après des conférences tenues en
préfence du Roi, entre les députés du Parlement &
ceux de la Chambre des Comptes. Voici les termes de
l'Ordonnance de Moulins par rapport au contentieux
que l'on nous difpute. *Et où, fur l'entérinement & véri-*
fication d'aucunes Lettres qui feront adreffées à nos Gens
des Comptes , interviendroit oppofition foit de notre
Procureur général , ou D'AUTRE TIERCE PARTIE ,
voulons lefdites oppofitions être jugées par nofdits Gens
des Comptes , le plus fommairement qu'il fe pourra ;
& fi les dernieres oppofitions étoient telles qu'elles
requiffent plus grande connoiffance de caufe , & qu'il
fallût plus amplement ouir les Parties , & voir leurs
titres & productions , nous voulons néanmoins que
lefdites caufes & oppofitions foient jugées par les Gens
de nofdits Comptes.

Voilà comme on penfoit alors. Voilà comme l'on
a penfé auffi long-temps que l'on s'en eft tenu aux
principes & aux difpofitions des Loix. Voilà comme
l'on penfoit encore il y a quarante ans, lorfque par
l'article 4 de la Déclaration de 1727, le Légiflateur
fuppofa comme une vérité certaine que les Chambres des Comptes avoient même la jurifdiction criminelle, toutes les fois que la plainte étoit incidente
aux objets de fon adminiftration. Difons mieux ,
voilà comme penfent encore tous ceux qui dans
ces derniers temps de fermentation ont confervé leur
impartialité.   N ij

C'eſt à cette impartialité ſi digne du Légiſlateur que nous oſerons rappeller ſes Miniſtres. Veulent-ils tout accorder aux prétentions des Parlements ? Croient-ils qu'il ſoit important au Gouvernement , qu'il n'y ait plus dans l'Etat qu'un ſeul Corps chargé de toute eſpece de Puiſſance publique? Le Roi en ſera-t-il moins importuné ? Ses Sujets en ſeront-ils plus heureux ? Que l'on ſupprime dans ce cas-là tous les Tribunaux auxquels le Parlement n'a pas droit de commander. Nous devons au Roi le ſacrifice de notre exiſtence. Mais s'il daigne nous aſſurer qu'il ne veut point notre anéantiſſement , nous devons la conſerver telle que nous la tenons de lui. Nos droits ſont entre nos mains un dépôt dont nous lui ſommes comptables , un dépôt qu'il peut nous ôter , mais que juſques-là il nous ordonne de défendre. Nous l'avons fait par le texte des loix , par leur eſprit , par la poſſeſſion qui les interprete : nous le dirons donc avec cette perſuaſion que l'autorité ne détruira jamais ; nous le dirons , & nous ſommes ſûrs de le perſuader , parce que l'empire de l'évidence eſt le même ſur tous les hommes : on peut abroger les loix ; mais tant qu'elles ſubſiſteront , elles ſeront pour nous un rempart aſſuré. Venons maintenant aux objeſtions dont le Parlement voudroit ſe faire des moyens.

QUATRIEME PARTIE.

Réponse aux objections du Parlement.

LA premiere, la principale de celles que l'on nous oppose, celle sur laquelle le Parlement de Grenoble paroît s'appuyer avec le plus de confiance, se tire de la Déclaration de 1757, obtenue par le Parlement de Toulouse, pour régler à l'égard des matieres domaniales ses fonctions & celles de la Chambre des Comptes de Montpellier.

Le Parlement de Grenoble invoque 1.° le principe annoncé dans le préambule de cette Déclaration, comme servant de motif aux articles qu'elle renferme. 2.° Les articles eux-mêmes qui reglent la compétence des deux Compagnies. Discutons ces deux objets séparément.

Voici le principe supposé dans le préambule de la Déclaration de 1757. Le Législateur ,, a *reconnu* , ,, y est-il dit , qu'une distinction exacte entre les ,, matieres contentieuses, & celles qui ne le sont ,, pas , étoit le moyen le plus propre pour faire un ,, juste partage entre les Officiers des deux Cours, ,, en rendant les premieres au Parlement, & aux ,, Bureaux des Finances qui en connoissent en pre- ,, miere instance selon le droit commun du Royau- ,, me ; & en conservant sur les autres ce qui ap- ,, partient à la Cour des Comptes , Aides & Finan-

„ ces, comme chargée, en qualité de Chambre des
„ Comptes, de maintenir l'ordre dans l'administra-
„ tion des Domaines.

Voilà donc l'ordre qui guide le Légiflateur. Le
contentieux du Domaine appartient au Parlement.
L'administration à la Chambre des Comptes. Rap-
pellons-nous en ce moment que cette administration
eft fouveraine auffi bien qu'éclairée; & en dévelop-
pant le principe que l'on nous oppofe, nous allons
interroger le véritable efprit du Légiflateur.

Il faut en effet fe rappeller l'origine de la conteftation qui fut jugée par la Déclaration de 1757,
entre les deux Cours fupérieures du Languedoc.
Par un Edit de 1690, à l'occafion du Terrier de
cette Province, le Roi avoit confié à fa Cour des
Comptes de Montpellier la jurifdiction contentieufe
directe & ordinaire du Domaine. On plaidoit devant
elle, en premiere & derniere inftance, toutes les
queftions féodales ; & elles y étoient portées par fimple Requête, comme dans un Tribunal ordinaire.

Le Parlement & les Bureaux des Finances foumis
à fon reffort, fe plaignirent, invoquerent le droit
commun du Royaume. Le Légiflateur a rétracté en
1757 l'attribution de 1690. Il a voulu que les chofes
fuffent rétablies dans l'état où elles étoient avant l'Edit.
Voilà la clef de toutes les difficultés que peut préfenter la Déclaration que l'on nous oppofe. Voyons
donc quel eft le droit commun du Royaume : cher-

chons-le dans la poffeffion de toutes les Chambres des Comptes , & dans les loix qui ont réglé leur compétence.

Le Parlement a la jurifdiction contentieufe ordinaire : il ne lui faut point d'adminiftration pour en jouir. Les inftances y font introduites *de plano*. Il eft aujourd'hui effentiellement Juge.

Les Chambres des Comptes n'ont qu'une adminiftration ; mais cette adminiftration a le Roi pour chef , & n'eft fubordonnée à aucune Magiftrature ; donc elle eft accompagnée de tout le pouvoir néceffaire pour adminiftrer fouverainement & pour écarter tout ce qui tenteroit de la traverfer. Or ce pouvoir eft une jurifdiction , ou il n'eft rien. La Chambre des Comptes, au moment où l'obftacle fe préfente pour l'arrêter, ne peut écarter le moyen, fi elle ne le juge ; & une preuve bien convaincante que la diftinction faite par le préambule de la Déclaration de 1757 entre le contentieux & l'adminiftration , n'a point pour objet d'ôter aux Chambres des Comptes la connoiffance du contentieux incident à leurs opérations, c'eft que perfonne ne leur contefte le contentieux incident à la ligne de compte. Voilà donc un contentieux dont le Roi n'entend point parler dans le préambule que nous examinons. Or pourquoi les Chambres des Comptes en jouiffent-elles , finon parce qu'il eft incident ? Mais par égalité de raifon, lorfque le contentieux eft incident à la preſtation de l'hommage, la Chambre des Comptes, obligée de ne recevoir celui-ci qu'en connoiſſance de cauſe, eſt néceſſairement obligée de juger ſi le moyen propoſé par le vaſſal pour s'en exempter eſt légitime & fondé. Ecartons donc le principe du préambule. Venons aux diſpoſitions de cette Déclaration de 1757, & convenons d'abord que par des raiſons que nous n'avons ni à expoſer ni à examiner, ces diſpoſitions ſont très-oppoſées aux Loix générales que ſuivent encore toutes les autres Chambres des Comptes du Royaume, & aux titres particuliers que nous invoquons.

Mais, 1.º il paroît fort ſingulier que le Parlement, ſubjugué par nos titres & notre poſſeſſion, prétende écarter ſes propres aveux & les actes contradictoires avec lui, pour aller chercher des exemples hors de la Province : cependant puiſqu'il le veut, demandons-lui pourquoi il va les chercher plutôt en Languedoc qu'à Paris. S'il invoque des Loix étrangeres, il nous doit être permis d'en invoquer auſſi ; & nous ne voyons pas pourquoi il faut avoir recours plutôt à la Déclaration de 1757 rendue pour Montpellier, qu'à celle du 18 Juillet 1702 rendue pour la Chambre des Comptes de Paris, ou à celle du 13 Octobre 1727 rendue pour Dijon. Car enfin s'il y a entre ces Déclarations des différences notoires & avouées par le Parlement de Grenoble, nous ne voyons pas pourquoi il lui ſera libre de choiſir

celle

celle qu'il lui plaira de donner comme une Loi générale.

2.° Obſervons que cette Déclaration de 1757, préciſément parce que dans le détail de ſes articles, elle contient pluſieurs diſpoſitions qui paroiſſent inconciliables avec le droit commun du Royaume, a excité la réclamation la plus vive de la part de la Compagnie dont elle ſemble régler les droits : pluſieurs remontrances ont précédé ſon enrégiſtrement, qui a été même ſuſpendu plus de ſix ans ; & il n'y fut enſuite procédé qu'avec toutes les modifications relatives aux Loix anciennes qui ont aſſuré aux Chambres des Comptes le pouvoir eſſentiel à leur inſtitution. Dans l'intervalle de temps qui précéda cet enrégiſtrement, le Chef de la Juſtice raſſura cette Compagnie ſur ſes alarmes, lui déclara que le Roi n'avoit entendu donner aucune atteinte aux Loix précédentes dont elle réclamoit l'empire, & qu'elle jouiroit toujours des droits de la juriſdiction qui appartenoit à la Chambre des Comptes de Paris ; enſorte qu'encore aujourd'hui, & d'après les modifications appoſées à ſon enrégiſtrement, la Déclaration de 1757 n'eſt exécutée que conformément aux anciennes Ordonnances. La Cour des Comptes de Montpellier ne ceſſe à cet égard, d'invoquer la juſtice du Roi. Et comme il n'a point *réduit* par une Loi générale toutes les Chambres des Comptes dans l'état où les Parlements voudroient les voir, on ſe conforme à Mont-

O

pellier aux Loix anciennes, qui n'ayant point été
abrogées par la Déclaration de 1757, doivent néceffairement fervir à en interpréter les difpofitions.

3.° Mais enfin s'il eft vrai que le Roi ait entendu
faire pour le Languedoc une Loi particuliere &
différente de celles qui jufqu'ici ont été fuivies en
Dauphiné, il faut néceffairement chercher à ces Loix
des motifs dans les différentes conftitutions des Tribunaux des deux Provinces. Ces motifs mêmes,
eft-ce à nous à les indiquer ? eft-ce à nous de dif-
cuter les Loix d'un autre pays, quand nous avons
les nôtres qui font claires ?

Nous ne donnerons donc ce que nous allons dire
que comme une fimple conjeĉture ; car fermement
appuyés fur nos titres, nous n'avons pas befoin
d'expliquer ce qu'il y a de fingulier dans ceux des
autres. Voici cependant quelques différences que
nous ne devons pas laiffer ignorer au Confeil. Pendant
que la Chambre des Comptes de Grenoble inftruifoit,
contre le Parlement & contre les Tréforiers de
France, l'inftance qui fut jugée en 1691, la Cour
des Comptes de Montpellier étoit en procès fur les
mêmes objets avec le Parlement de Touloufe & les
Bureaux des Finances de Languedoc. Ce procès,
dans le cours duquel M. Dagueffeau, Intendant de
cette Province, avoit été confulté, fut jugé en 1685.
C'étoient donc les mêmes queftions difcutées dans
le même temps devant le même Confeil. Cependant

le Réglement de 1685 pour le Languedoc, fut très-oppofé à celui de 1691 pour le Dauphiné. Auffi M. Daguesseau, en donnant fon avis, avoit-il répondu très-nettement que chaque Province avoit fes ufages, & qu'en pareille matiere il ne falloit point *raifonner par induction*. Il y a plus, c'étoit la réponfe même que le Parlement de Dauphiné oppofoit en 1691 aux inductions que nous tirions des ufages & des loix de la Chambre des Comptes de Paris. Qu'on life fes Mémoires, ils exiftent encore ; chaque Province *a fes loix & fes maximes particulieres*, nous difoit-il. Comment a-t-il aujourd'hui changé de langage ? Comment peut-il trouver mauvais que nous tenions celui qu'il nous a lui-même appris ? Revenons à la différence des décifions qui furent alors prononcées par rapport aux deux Compagnies. Le Réglement de 1691 conferva tous les hommages à la Chambre des Comptes de Dauphiné ; les Tréforiers de France furent déboutés de leur prétention à cet égard : celui de 1685 autorifa le Bureau des Finances de Montpellier à recevoir les hommages des moindres fiefs, & à faire même les faifies féodales.

En Dauphiné tous les aveux & dénombrements font préfentés à la Chambre des Comptes : il n'y en a aucun qui foit porté aux Bureaux des Finances. En Languedoc au contraire, ceux qui ont prêté la foi devant les Tréforiers de France, peuvent auffi leur préfenter leur aveu.

En Dauphiné les Tréforiers de France avoient autrefois fi peu de jurifdiction fur les aveux & dénombrements, que par le Réglement de 1691, la Chambre qui les reçoit, doit en envoyer la publication, non aux Bureaux des Finances, mais aux Bailliages & Sénéchauffées. Ce n'eft que par la Déclaration du 17 Mars 1705, que les Tréforiers de France ont été chargés de cette publication ; mais il faut qu'elle leur foit renvoyée par la Chambre.

En Languedoc le Réglement de 1685 maintient les Tréforiers de France dans le droit d'enrégiftrer les aveux & dénombrements qu'ils reçoivent. En Dauphiné le Réglement de 1691 leur défend de procéder à un femblable enrégiftrement ; il leur ordonne de les renvoyer à la Chambre, après qu'ils auront été publiés.

Or c'eft le Réglement de 1685 qui a fervi de fondement aux difpofitions de la Déclaration de 1757 : donc celle-ci ne peut jamais être oppofée à la Chambre des Comptes de Grenoble, qui a en fa faveur le Réglement de 1691.

D'après cela il faut diftinguer deux chofes en Dauphiné. 1.° L'hommage, & la conteftation incidente à l'hommage : celle-ci ne peut préfenter qu'une queftion de mouvance. 2.° L'aveu & le dénombrement, & la conteftation incidente à fa publication. Ici les mêmes principes fe retrouvent toujours. La Chambre des Comptes reçoit feule l'hommage. Elle

juge le contentieux qui naît à fon occafion ; car il
faut qu'elle fache fi réellement le Procureur Général eft fondé à demander la foi. Quant à l'aveu &
dénombrement, il ne peut par lui-même donner lieu
à aucune conteftation. L'obligation de le préfenter
eft une fuite de la mouvance ; & lorfqu'il a été jugé
qu'un propriétaire eft vaffal , il l'a été également
qu'il doit fournir fon aveu. Quand donc peut naître
un contentieux à l'occafion de celui-ci ? C'eft lorfque
l'aveu & le dénombrement publiés pendant trois
jours d'audience , avertiffent tous ceux qui y ont
quelque interêt, de venir le critiquer ; & alors les
queftions qui s'élevent, font prefque toutes de fait ;
car elles roulent fur la quantité de terres ou de droits
qui entrent dans la compofition du fief. Cette publication fe faifoit autrefois en Dauphiné par les Juges
ordinaires ; & ce n'eft que depuis 1705 qu'on l'a
renvoyée aux Tréforiers de France : ainfi les Juges
ordinaires autrefois, & aujourd'hui les Bureaux des
Finances , chargés de la publication, ont eu un contentieux incident aux fonctions dont ils étoient
chargés.

En Languedoc les Tréforiers de France recevant
eux-mêmes des hommages & des aveux , ce que
ne font en Dauphiné ni les Juges ordinaires, ni les
Tréforiers de France, on a cru que l'on pouvoit
leur confier auffi le contentieux des hommages.
Cette attribution eft, il faut en convenir , nouvelle

en Languedoc ; elle eſt abſolument contraire aux
Loix précédentes , puiſque par l'article 14 de l'Arrêt de 1685 , rendu entre la Cour des Comptes &
les Bureaux des Finances du Languedoc, les Tréſoriers de France ne jugeoient pas même le blâme,
& étoient obligés de le renvoyer aux Sénéchauſſées.
Mais enfin c'eſt une attribution dont le Roi étoit le
maître , & contre laquelle la Cour des Comptes de
Montpellier réclame encore & la juſtice du Légiſlateur , & l'autorité des regles anciennes. Mais cette
attribution avoit au moins un motif , ou ſi l'on veut
un prétexte qui ne peut ſe rencontrer en Dauphiné.

Quoi qu'il en ſoit des conjectures que nous venons
d'expoſer, nous n'avons ici ni à juſtifier , ni à combattre la Déclaration de 1757, qui eſt étrangere à la
queſtion. Nous avons démontré notre droit par l'évidence de nos titres , & par la ſuite non interrompue
de notre poſſeſſion ; & dès-là nous pouvons écarter
par un ſeul raiſonnement tout le poids de cette autorité étrangere. Qu'il nous ſoit permis de faire au Parlement une queſtion ſimple , à laquelle il doit une
réponſe claire & préciſe.

Veut-il que le Roi faſſe une nouvelle Loi générale , ſans avoir égard aux titres particuliers? Veut-
il qu'il nous juge ſur les Loix déjà faites ?

S'il demande une Loi génerale nouvelle , nous
croyons devoir lui répondre que la queſtion inté-
reſſant toutes les Chambres des Comptes du Royau-

me, elles doivent être entendues ; car il eft de la juftice, & nous ofons dire encore de la fageffe du Légiflateur de rendre le Réglement uniforme.

Si le Parlement eft obligé d'avouer qu'il doit être jugé par les Loix connues en Dauphiné ; dans ce cas, de deux chofes l'une ; ou ces Loix font différentes de la Déclaration de 1757 faite pour Montpellier, ou elles font les mêmes. Dans le premier cas, cette Déclaration doit être rejettée comme étrangere : dans le fecond, elle doit être écartée comme inutile.

Invoquer la Déclaration de 1757, c'eft convenir qu'on en a befoin, c'eft avouer que celles qui reglent notre conftitution feroient contraires aux prétentions du Parlement. Or dans ce cas la différence qui fe trouve entre nos Loix, & celle que nos adverfaires appellent à leur fecours, ne prouve qu'une feule chofe ; c'eft que fur cette matiere il n'y a point de Loi générale.

Que la Déclaration de 1757, rendue pour Montpellier, foit très-différente, dans fes difpofitions, de notre Réglement de 1691 ; il ne faut que les lire l'un & l'autre, pour s'en convaincre. L'art. 32 du Réglement de 1691 pour le Dauphiné maintient la Chambre des Comptes dans le droit & fonction de *juger* & *déclarer* la commife contre les poffeffeurs des biens étant dans la mouvance de Sa Majefté, faute de preftation de foi & hommage. L'art. 35 du même Réglement porte en termes exprès : *Maintien ladite Chambre dans le droit & poffeffion de connoître & faire droit fur les oppofitions formées a l'enrégiftrement des Lettres de don de lods , preftations de foi & hommage , & autres Lettres dont l'adreffe aura été faite à ladite Chambre , & de faire droit fur les conteftations incidentes aux affaires de la Chambre.* Voici au contraire les difpofitions de la Déclaration de 1757 pour Montpellier. *Voulons* , dit l'art. 7, *que dans tous les cas la connoiffance des conteftations qui naîtroient à l'occafion defdites faifies féodales, appartienne auxdits Bureaux des Finances , & par appel à notredite Cour de Parlement de Touloufe. Notre Chambre des Comptes & lefdits Bureaux* , dit l'art. 8, *ne pourront connoître des matieres contentieufes nées au fujet des oppofitions formées à l'enrégiftrement de nos Lettres à eux adreffées ; mais feront tenus de renvoyer lefdites matieres aux Juges qui en doivent connoître.*

Nous le demandons maintenant à nos Juges , nous le demandons au public impartial, nous le demandons au Parlement lui-même. Y a-t-il rien de plus contradictoire & de plus oppofé que les difpofitions de ces deux Réglemens ? En termes de bonne dialectique , ce qui eft affirmé & accordé par l'un , n'eft-il pas nié & refufé par l'autre ?

Nous avons donc eu raifon de dire que c'étoit l'anéantiffement & l'abrogation de nos Loix que le Parlement demandoit ici ; car il veut que l'on nous

juge

juge par les termes d'un Réglement diamétralement contraire à celui qui a été rendu entre nous & lui, à celui qu'il regarda en 1691 comme son propre triomphe, & qu'il nous fit signifier le 26 Avril 1692.

D'après cela il n'est plus nécessaire d'examiner si la Déclaration de 1757 est ou n'est point conforme au droit commun du Royaume ; si dans son exécution elle n'est pas sujette aux plus grands inconvéniens, & si la Cour des Comptes de Montpellier, dont la réclamation subsiste encore, a raison de conserver des espérances. Cette Loi est tout ce que l'on voudra, mais elle n'est pas la nôtre, & cela nous suffit. Elle n'est pas non plus celle de Paris, où la Déclaration de 1702 est tous les jours exécutée : elle n'est point celle de Dijon où l'on suit la Déclaration de 1727. Il faut donc ou détruire toutes les Loix par une regle différente qui soit générale & uniforme pour toutes les Chambres des Comptes, ou nous laisser nos titres & notre possession.

En effet, de quelle question le Conseil est-il Juge en ce moment ? vient-on lui proposer une refonte générale ? le Parlement vient-il critiquer les anciennes maximes, & demander que toutes les Chambres des Comptes du Royaume soient réduites à la même impuissance ? Qu'il nous permette de lui faire observer qu'il n'est pas ici Partie capable

P

pour propofer de nouvelles Loix , & que la Chambre des Comptes de Grenoble n'eft pas la feule qui doive être entendue fur un objet auffi important.

De quoi s'agit-il ? d'une inftance entre deux Compagnies qui ont leur état fixe, leurs Loix certaines, leur poffeffion conftante ; une inftance fe juge fur les Loix déjà connues, & il feroit contre toute raifon de céder au Parlement, lorfqu'il vient dire : *Les Edits & les Réglemens, qui jufqu'ici ont été fuivis, ne nous conviennent plus ; faites-en d'autres, & jugez-nous enfuite d'après leurs nouvelles difpofitions.*

Que réfulte-t-il donc de l'induction que le Parlement tire contre nous de la Déclaration de 1757 ? Non que cette Loi nous puiffe être oppofée, mais que toutes celles qui doivent ici décider, font en notre faveur. Par l'objection qu'ils nous font, nos adverfaires avouent leur impuiffance ; quiconque a des titres pour défendre fon bien, ne va pas emprunter ceux de fon voifin ; & c'eft précifément parce que le Réglement de 1691 eft contradictoire & avec l'Arrêt de 1685, & avec la Déclaration de 1757, qui en eft une fuite, que notre caufe eft abfolument différente de celle de la Cour des Comptes de Montpellier.

M. le Procureur Général au Parlement a fans doute prévu nos réponfes. Auffi dans le Mémoire qui contient fes prétentions, il fait quelques efforts impuiſſants, pour établir que le Réglement de 1691 renferme ſur la juriſdiction contentieuſe les mêmes diſpoſitions que la Déclaration de 1757. Voyons comment il le prouve. En Dauphiné , dit-il , on ne connoît point de ſaiſies féodales , on prononce tout de ſuite la commiſe : ainſi la commiſe & la ſaiſie féodale ſont la même choſe. A Montpellier , par la Déclaration de 1757, le Procureur Général de la Cour des Comptes fait faire la ſaiſie , & delà il ne réſulte pas que cette Compagnie puiſſe juger le contentieux qui naît ſur la ſaiſie ; donc de ce que la Chambre des Comptes de Grenoble prononce la commiſe, il ne ſuit point qu'elle ſoit compétente pour ſtatuer ſur la conteſtation à laquelle la commiſe peut donner lieu. Voilà l'argument. Voici la réponſe.

1.° Qu'il n'y ait point de ſaiſies féodales en Dauphiné , cela peut être : mais qu'il ne doive jamais y en avoir, cela eſt au moins douteux. L'Edit de 1434 s'exprime en ces termes : *Ordonnons que les Gens de nos Comptes à toute diligence pourchaſſent que tous les vaſſaux & autres tenants fiefs nobles , qui n'ont fait leurs hommaiges , ſoient citez & contraints de les faire dedans brief temps , èſquels hommaiges recevants leur ſoit préfix terme, qui n'excede point un an, à bailler leur dénombrement; avec commination qu'icelui terme paſſé, au défaut de le bailler , leurs terres QUI DE RIGUEUR DEVROIENT SEMBLER COMMISES , ſeront miſes en notre main , & ſeront les fruits nôtres*

*fans recreance, jufqu'à ce que baillé auront leur dé-
nombrement. Voulons auffi qu'au regard de ceux qui
ont fait leurs hommaiges, & dont les termes affignez à
bailler leur dénombrement foient paffez, foit fait fem-
blablement.* Voilà, comme on le voit, la faifie feodale
bien diftinguée de la commife du fief.

2.° Ces deux chofes étant bien diftinguées par nos
Loix, lorfque le Règlement de 1691 nous a autorifés à déclarer & juger la commife, il n'a donc point
entendu borner ce jugement à une fimple main-mife
fans connoiffance de caufe : car il eft évident par
l'Edit que nous verons de citer, que mettre fous la
main du Roi, & faire les fruits fiens, eft un acte différent de la commife, qui eft *le jugement de rigueur.*

3.° Ce n'eft pas fimplement la déclaration, c'eft
le jugement de la commife qui nous eft attribué.
*Maintient ladite Chambre dans le droit & fonction
de JUGER ET DÉCLARER la commife contre les
poffeffeurs,* &c. Comment peut-on foutenir que ces
mots *juger,* qui indiquent une connoiffance de caufe,
& *déclarer,* qui défignent la prononciation d'un jugement rendu après un mûr examen, ne fignifient
qu'une fimple main-mife deftinée à punir le retard ?
En Languedoc, par la Déclaration de 1717, le Procureur Général fait faifir féodalement. En Dauphiné
le Procureur Général a le même droit, & il y eft
autorifé par l'Edit de 1434. Mais la Chambre fait
plus, elle juge la commife, elle ne la prononce,

elle ne la déclare qu'après avoir examiné si la ré-
sistance du vassal est fondée ; car voilà ce que signi-
fie le mot de *juger*. Et s'il est nécessaire encore d'interpréter une expression si claire, consultons la possession, feuilletons nos régistres où nous trouverons
les Magistrats du Parlement venir sans cesse réclamer & subir notre jurisdiction. Comment après cela
la mauvaise foi même (nous n'en soupçonnerons jamais
nos adversaires) pourroit-elle trouver un prétexte
pour éluder l'empire de la Loi?

4.° Ajoutons à la disposition qui regarde la com-
mise, celle de l'article 35 qui nous autorise *à faire
droit sur les CONTESTATIONS INCIDENTES aux
AFFAIRES dont nous sommes saisis* ; & demandons
au Parlement s'il y a aucune disposition semblable
dans la Déclaration de 1757 rendue pour Montpellier.

Le Parlement insiste, & dit dans son Mémoire,
» Ces expressions ne concernent que les contesta-
» tions qui intéressent la ligne de compte «. Cependant il convient formellement que nous avons l'administration du Domaine : voici les termes de son
Mémoire. *La Chambre des Comptes est créée pour
connoître souverainement de tout ce qui consiste en ligne
de compte, & pour administrer le Domaine ; voilà les
fonctions honorables qui lui ont été attribuées ; c'est
relativement à ces fonctions que les Lettres, Ordonnances & Edits lui sont adressés ; ce n'est que relative-*

ment à ces mêmes fonctions qu'elle peut faire droit
sur les oppositions.

Partons de cet aveu. Nous sommes adminiſtra-
teurs du Domaine ; la réception des foi & hommage
eſt un acte d'adminiſtration, cela eſt vrai. Ces preſtations ſont donc des *affaires* dont nous ſommes ſai-
ſis. Or comme le Roi nous attribue le droit de
connoître *des conteſtations* incidentes à ces *affaires*, il
s'enſuit clairement que nous ſommes Juges des conteſtations incidentes à la preſtation de la foi & hommage.
Pourquoi d'une diſpoſition très-générale le Parlement
en veut-il faire une diſpoſition très-particuliere ?
Peut-il réduire, atténuer, anéantir la Loi ? Ce n'eſt
que par une ſuite de ce principe général, énoncé en
termes très-clairs dans le Réglement, que nous ſommes Juges du contentieux de la ligne de compte :
ce contentieux eſt incident à notre adminiſtration.
Mais le principe s'étend à tout. C'eſt du contentieux
incident à toutes nos *affaires* que nous ſommes Juges.

Ajoutons ici que ſi cette diſpoſition du Réglement
de 1691 ne s'entendoit que du contentieux incident
à la ligne de compte, elle eût été illuſoire & prononcée *ultra*, ou plutôt *extra petita ;* car dans toute
la conteſtation jugée alors, on ne s'aviſa pas de
nous diſputer ce contentieux ; celui dont il s'agiſſoit
dans l'inſtance, étoit celui même dont on veut aujourd'hui nous dépouiller : donc c'eſt ſur celui-ci
ſeul que le Réglement a décidé.

Mais, dit-on , l'article 29 du Réglement de 1691 ,
a commencé par donner tout le contentieux au Parlement. 1°. Cela n'eſt pas vrai , il ne lui a point
donné un contentieux en premiere inſtance , car il
a donné celui-ci aux Tréſoriers de France , & ne l'a
attribué que par appel au Parlement. Or en Dauphiné les Bureaux des Finances ne connoiſſent point
de la foi & hommage , jamais ils n'en ont reçu les
actes , jamais ils n'ont prononcé ſur aucune conteſtation de cette nature. Encore aujourd'hui les Tréſoriers de France ne réclament point ce contentieux ;
il faudroit donc que le Parlement l'eût en premier
& dernier reſſort ; ce qui eſt contraire même à l'art.
29 du Réglement de 1691.

2°. Il faut que l'art. 29 & l'art. 35 aient également leur exécution. Or l'un & l'autre attribue un
contentieux , le premier au Parlement , l'autre à
la Chambre des Comptes ; cela eſt clair. Nous
ſommes autoriſés à juger des *conteſtations* ; voilà
bien certainement un contentieux. Donc en bonne
logique on doit ſimplement conclure de ces deux
articles , que le contentieux de l'un n'eſt pas le contentieux de l'autre : mais la différence de l'un à
l'autre eſt clairement marquée dans ces articles.
Le Parlement , & ſous ſon reſſort les Tréſoriers
de France , ont le contentieux direct ; voilà l'art. 29 :
connoîtront de tous différens civils mus & à mouvoir.
Nous n'avons que le contentieux incident à notre

adminiftration , *les conteftations incidentes* aux affaires de la Chambre : voilà l'art. 3 5. Si ceci n'eft
pas évident, quel texte de Loi pourra jamais l'être ?

Mais, dit-on, par-là vous aurez tout ; car c'eft encore une des objections que nous trouvons dans le
Mémoire du Parlement : votre adminiftration étant
extrêmement étendue , il n'y a point de contentieux
dont vous ne puiffiez être faifis. 1.° Ce ne font point
des vues d'intérèt qui doivent influer fur une queftion
de droit public auffi importante que celle que nous
traitons. Si dans le détail de fes fonctions la Cour des
Comptes envahit , le Confeil eft Juge de chaque
conflit en particulier ; mais la crainte d'un abus ne
doit point autorifer l'anéantiffement de la loi & le
mépris du principe.

2.° Comment veut-on que nous ayons tout,
puifque l'affaire qui a donné lieu au conflit, nous ne
l'euffions pas eue fi le Parlement eût confulté & ref-
pecté les titres de la mouvance du Roi. C'eft au fecours de cette mouvance que nous fommes venus ,
& fans nous elle fe feroit éclipfée fans retour. Que
le Parlement eût jugé conformément à cette foule
de monuments que fon Procureur Général n'a pas
connus , qu'il eût fait droit fur l'oppofition des héritiers Desfourniels , & eût débouté M. l'Evêque de
Die ; tout étoit dit , le Procureur Général du Roi en
la Chambre étoit fans intérêt. Mais quoi ! les plus
precieufes mouvances royales font envahies ! des
Seigneurs

Seigneurs particuliers ufurpent ! le Parlement , faute
de connoître , favorife l'invafion ; & lorfque nous
réclamons les droits de la Seigneurie du Roi , lorfque nous veillons avec fuccès à la confervation des
droits de la fouveraineté , on viendra dire que tout
nous fera dévolu ! Qu'importent au Roi & au Confeil
ces querelles d'intérêt ? la Loi exifte. Ici elle a reçu
une application jufte , néceffaire , fans laquelle foixante Terres fe feroient trouvées fouftraites à la Seigneurie du Roi. Voilà l'objet qu'il ne faut point perdre
de vue.

Finiffons donc par un autre aveu , que nous trouvons encore dans le Mémoire du Parlement. *La
Chambre a droit de ftatuer fur les oppofitions aux preftations de foi & hommage qui ne feront relatives qu'à
l'adminiftration , & ne toucheront en rien à la jurifdiction contentieufe du Domaine.* Voilà le langage que
tiennent nos adverfaires.

Hé bien ! l'oppofition formée par M. le Procureur
Général en la Chambre des Comptes à l'Ordonnance de 1753 , étoit relative à l'adminiftration de
la Chambre , donc nous avions droit de ftatuer fur
cette oppofition. Mais pouvions-nous y ftatuer fans
en connoître les motifs ; & ces motifs , pouvions-nous
les connoître fans favoir les raifons qu'on leur oppofoit ? Donc le fyftême du Parlement combat également & le texte des Loix , & leur efprit , & les maximes qui leur ont fervi de bafe.

Q

Après avoir fappé les fondements du fyftême du Parlement, & détruit la principale de fes objeétions, parcourons rapidement celles qui ne méritent pas une défenfe férieufe.

Il a dit que M. l'Evêque de Die avoit préfenté par le même aéte fon hommage & fon dénombrement, & qu'ainfi l'oppofition étoit ici un blâme de l'aveu, qui devoit appartenir au Bureau des Finances, & par appel au Parlement.

Ce feroit ici abandonner la thefe générale de la compétence, ce feroit avouer que l'oppofition à l'hommage nous appartient, & fe trancher fur le fait particulier que l'on effayeroit de dénaturer. Ainfi cette objeétion feroit plus favorable à la Chambre des Comptes qu'au Parlement. Mais comme il ne faut ici laiffer fubfifter aucune erreur, nous répondrons,

1°. Que l'on a pu quelquefois préfenter à la Chambre en un même jour & par deux aétes différents, & l'hommage & le dénombrement ; mais qu'il eft inouï qu'on les ait jamais fournis par le même aéte.

2°. M. l'Evêque de Die a fi peu eu intention de fournir fon aveu & fon hommage en même temps, qu'en préfentant celui-ci, il a promis & juré de donner enfuite fes aveux & dénombrements dans le temps & dans la forme prefcrite par les Réglements.

3°. L'on ne peut pas conclure, de ce que M.

l'Evêque de Die a énoncé dans fon hommage les fiefs qu'il croyoit être dans fa mouvance , qu'il ait voulu donner fon dénombrement. Cette indication des fiefs mouvants du vaffal étoit prefcrite par l'Ordonnance du 7 Juillet 1753 , comme devant être inférée dans l'hommage même ; & cette forme a toujours été conftamment fuivie dans tous ceux qui ont été rendus en la Chambre.

4°. Dans le fait cet hommage de M. l'Evêque de Die n'a aucune des formes prefcrites pour les dénombrements , par les Ordonnances , & notamment par l'Arrêt de réglement du 13 Août 1731 ; il ne contient ni le détail des domaines , ni la connoiffance des droits utiles.

5°. Enfin , & ceci eft décifif, quand cet acte pourroit être regardé comme contenant en même temps & un hommage & un aveu , il fuffit, pour affurer la compétence de la Chambre , que l'oppofition du Procureur Général ne porte que fur l'hommage. Or tel eft l'objet des demandes du Miniftere public ; il n'a point dit , *l'aveu eft infuffifant , le dénombrement eft imparfait ;* il a dit , *les Terres que vous préfentez comme mouvantes de vous, font dans la mouvance du Roi ; ce n'eft point à vous, c'eft à Sa Majefté que les poffeffeurs doivent prêter hommage.* En un mot il a formé oppofition à une Ordonnance , que la Chambre avoit rendue pour décider que l'hommage de foixante Terres n'étoit pas

dû au Roi. Or elle étoit aussi compétente pour connoître de l'objet de cette Ordonnance, qu'elle
l'avoit été pour la rendre : elle seule pouvoit se réformer ; & dès que le Procureur Général avoit pris la
voie de l'opposition, il falloit bien qu'elle examinât
si cette opposition étoit fondée.

Le Parlement dit encore : La Chambre des
Comptes a l'administration du Domaine ; elle re-
présente le Roi comme propriétaire de la Seigneurie
donc elle ne peut le représenter comme Juge.

Si cette objection prouvoit quelque chose, elle
prouveroit trop ; car la Chambre des Comptes ne
pourroit, en partant de ce principe, avoir même le
contentieux de la ligne de compte : toutes ces Compagnies n'auroient pas plus de pouvoir que des Intendants ; elles feroient réduites à surveiller, à
avertir ; elles exerceroient auprès des Parlements,
par rapport aux Domaines, les fonctions du mi-
nistere public. En vérité nous avons quelque honte
de réfuter plus long-temps & plus sérieusement cet
argument. Que le Parlement regarde autour de lui,
& il verra qu'il peut y avoir des Corps qui ont en
même temps & administration & jurisdiction ; tout
dépend des attributions du Souverain. Laissons donc
à l'écart tous les raisonnements du Parlement, &
contentons-nous de présenter nos titres.

Au surplus, relativement à l'hommage, quelles
seront donc nos fonctions, si nous ne sommes que de

fimples adminiftrateurs ? Il nous eft enjoint de le demander ; voilà notre devoir. Qu'arrivera-t-il fi le vaffal
le refufe ? Nous ferons faifir féodalement ; mais il fe
préfentera, & demandera la main-levée. A qui s'adref-
fera-t-il pour cela ? Ce ne peut être au Parlement ,
qui certainement n'eft pas fait pour nous enjoindre
de la prononcer ; c'eft donc à nous que le vaffal doit
venir. Quoi, dès qu'il nous dira , je ne fuis point vaffal
du Roi, nous devons ou l'en croire fur fa parole, ou
lui dire , allez-vous en au Parlement ! Il nous eft
défendu d'examiner s'il doit ce que le Roi veut que
nous lui demandions! Tout eft ici embarras, abfurdité,
contradiction.

Prenons une autre hypothefe : le vaffal a prêté fa
foi & hommage ; un Seigneur de fief vient y former
oppofition , & dit : Ce n'eft point au Roi , c'eft à
moi que la foi eft due. Que ferons-nous ? Nous con-
tenterons-nous de donner acte au vaffal de fon hommage, au Seigneur qui le revendique, acte de fa contradiction. Que deviendra alors la conteftation , où la
renverrons-nous ? Aux Tréforiers de France ? ils ne
connoiffent en Dauphiné que du blâme ; ils ne reçoivent point la foi ; ils font étrangers aux queftions
d'hommage. Au Parlement ? Il ne doit connoître du
contentieux que fur l'appel des Bureaux des Finances.
Il faut donc tout intervertir, tout changer : ce n'eft
donc point l'exécution des Loix, ce font des Loix
nouvelles que le Parlement vient demander au Roi.

Laiſſons donc tous ces raiſonnements vagues qui ne prouvent que l'impuiſſance de nos adverſaires ; & finiſſons comme nous avons commencé, en rappellant le véritable état de la conteſtation.

Il ne devroit être ici queſtion que d'une contrariété d'arrêts ; car tant qu'il ne s'eſt agi que de la conteſtation entre M. l'Evêque de Die, & les héritiers du ſieur Desfourniels, ni l'une ni l'autre Compagnie n'a excédé les bornes de ſon pouvoir, elles ont rendu chacune leur Arrêt : nous croyons que le Parlement a mal jugé ; mais nous ne lui imputons point d'avoir incompétemment prononcé.

L'entrepriſe a commencé lorſqu'il a annullé nos Arrêts (a) : car c'eſt alors qu'au lieu de laiſſer aux Parties le ſoin de faire juger ou par le Conſeil ou par telle autre Cour, devant laquelle le Roi les auroit renvoyées, l'importante queſtion de mouvance ſur laquelle les deux Compagnies avoient ſi différemment prononcé, il a commencé à ſoutenir que nous n'avions pas été compétents pour prononcer un Arrêt, qui a fait rentrer ſous la Seigneurie du Roi toutes les terres dont nous lui avons reſtitué la ſuzeraineté.

____

(a) On ne peut trop obſerver que dans toutes les conteſtations que nous avons eues avec le Parlement, il a toujours été l'aggreſſeur. Louis XIII, dans le préambule de l'Edit du mois de Juin 1633, a reconnu la cauſe de toutes ces diſſentions. Elles viennent principalement, y eſt-il dit, *de ce que le Parlement plus puiſſant que la Chambre, même en nombre d'Officiers, s'eſt toujours voulu autoriſer ſur elle, & n'a laiſſé paſſer aucune occaſion ſans enjamber & entreprendre ſur ſa juriſdiction, ſes droits, & les honneurs qui lui ont été de tout temps attribués.*

Or pour nous diſputer la compétence, que nous oppoſe-t-il ? Tous les titres, tous les Réglements ſont pour nous; la poſſeſſion immémoriale, qui ſeule ſuppléeroit les Loix ſi elles étoient muettes, eſt entiérement en notre faveur ; c'eſt contradictoirement avec le Parlement qu'il a été jugé en 1691, que nous avions la juriſdiction, dont nous avons en cette occaſion fait un uſage ſi avantageux au Domaine ; c'eſt contradictoirement avec le Parlement que nous avons exercé nos droits depuis un ſiecle ; c'eſt ſon Procureur Général lui-même, ce ſont ſes membres les plus éclairés qui ſont venus plaider devant nous, toutes les fois qu'ils ont voulu ou ſe maintenir, dans la mouvance du Roi, ou revendiquer celle qu'ils prétendoient ſur leurs vaſſaux ; c'eſt entre les mains de M. le Chancelier Dagueſſeau que le Magiſtrat, qui par état eſt chargé de maintenir la juriſdiction du Parlement, a conſigné la reconnoiſſance de la nôtre ; & c'eſt à la vue de tant de titres, c'eſt après une poſſeſſion ſi longue, ſi conſtante, ſi publique, que le Parlement vient dire aujourd'hui, ou jugez-nous conformément à la Déclaration de 1757, qui a été rendue pour le Parlement de Toulouſe, ou donnez-nous une Loi ſemblable à celle-ci. Quelle eſt notre réponſe ? Voulez-vous être jugés ? Vous ne pouvez l'être que conformément aux Loix de la Province, aux Loix qui ſont communes à l'une & à l'autre Compagnie, en un mot, aux

titres anciens qui conſtatent notre état, & fixent
nos droits. Venez-vous au contraire préſenter au
Roi des plans de légiſlation nouvelle ? Permettez-
nous d'appeller à notre ſecours les autres Chambres des Comptes. Ce n'eſt pas ſeulement notre
état, c'eſt le leur que vous propoſez de changer :
& ſi vous voulez que l'on faſſe une Loi nouvelle,
nous avons droit de demander qu'elle ſoit générale
& uniforme. Mais en attendant ce grand ouvrage,
contentons-nous d'exécuter celles qui ſubſiſtent depuis tant de ſiecles. Quel avantage doit revenir au
Roi, à l'Etat, à la Nation, de cette inquiétude qui
tend à tout abroger ? Les Parlements étoient-ils moins
reſpectés, moins utiles dans ces temps heureux où
ils laiſſoient tranquillement toutes les Compagnies
exercer le pouvoir que le Souverain leur a confié ?
Nos querelles avoient fini par le Réglement de
1691. Vous nous l'avez ſignifié vous-mêmes. Vous
l'avez regardé comme une victoire éclatante rem-
portée ſur nous. Pourquoi renouveller aujourd'hui
un procès ſi juſtement, ſi authentiquement jugé ?
Nous n'ajouterons plus qu'un mot. Nous demandons
que ce Réglement ſoit exécuté, qu'il le ſoit comme
il l'a toujours été. Il eſt clair, il eſt précis ; mais s'il
avoit beſoin d'être interprété, il le ſeroit par l'uſage
auquel vous vous êtes conformés vous-mêmes depuis
plus de cent ans.

DEUXIEME

DEUXIEME PROPOSITION.

LA Chambre eſt compétente pour réprimer & punir les infultes qu'on oſe lui faire. Elle n'a point excédé les bornes de ſon pouvoir dans l'Arrêt par lequel elle a fait lacérer un libelle publié contre elle, & a interdit l'Auteur, des fonctions d'Avocat qu'il pouvoit remplir devant elle.

C'EST peut-être pour la premiere fois que l'on difpute à une Cour fupérieure le droit de maintenir, par l'exercice de l'autorité qui lui eſt confiée, le refpect & les égards qui lui font dus.

A cet égard la poffeffion de tous les Tribunaux eſt conſtante, elle eſt fondée en raiſon & en juſtice.

En effet la puiſſance dont nous ſommes dépoſitaires, eſt celle du Roi même : elle doit ſuffire à ſa propre défenſe ; elle ne peut maintenir les Loix, ſi elle n'en impoſe à la licence qui voudroit les enfreindre. Lors donc que le Roi a confié à ſes Cours une portion de ſa juriſdiction ſuprême, il leur a donné en même temps le pouvoir de la faire refpecter, & de la maintenir. Leur indépendance feroit illuſoire, ſi pour écarter l'injure qui les attaque, elles étoient obligées de recourir à une autorité différente de celle qui leur a été attribuée.

Toutes les Cours font folidairement dépoſitaires des Loix dont l'exécution leur a été confiée. Or,

R

la premiere de toutes ces Loix eft que leur pouvoir foit refpeété ; car fans lui la regle qu'elles doivent appliquer, fera toujours impuiffante & méprifée ; fi les Magiftrats font obligés de defcendre de leur Tribunal pour repouffer l'infulte, il eft impoffible qu'ils y reftent pour maintenir l'ordre.

Ce principe n'a jamais été contefté, & le Légifla-teur l'a rappellé dans toutes les occafions où quel-ques particuliers ont tenté de l'éluder. Un Edit de Charles VI, donné en 1408, avoit confirmé la Cham-bre des Comptes de Paris dans le droit de fe faire juftice à elle-même des injures qu'elle effuyoit. Un autre Edit de Charles VII, donné au mois de Dé-cembre 1460, avoit ordonné » que les Gens de fes » Comptes à Paris, féants en la Chambre defdits » Comptes, euffent l'entiere connoiffance & juge-» ment de toutes injures dites ou faites en ladite » Chambre, en jugement ou dehors, à aucuns des » Gens ou Officiers en icelle. « Enfin des Lettres patentes du mois de Décembre 1520, enrégiftrées au Parlement de Paris le 11 Avril fuivant, avoient ordonné » que les doléances & plaintes qui feroient » interjettées par les Officiers de la Chambre des » Comptes, des jugements de difcipline prononcés » contr'eux, ne pourroient être portées que devant » elle. » Dans la fuite cependant, fous prétexte d'une évocation obtenue par un des Membres de la Chambre des Comptes de Paris, plufieurs des Offi-

ciers qui la compofoient, voulurent fe fouftraire à
fa jurifdiction. Ce fut une occafion de rendre hommage au principe général que nous venons d'expofer ;
& une Déclaration du dernier Décembre 1550
s'explique en ces termes. „ Difons, déclarons & or-
„ donnons que toutes lefdites matieres d'injures dites
„ ou faites en jugement ou dehors, à aucuns des
„ Gens nos Officiers en icelle, mêmement en faifant
„ & exerçant leurs Offices, leurs circonftances &
„ dépendances en quelque forte, façon & maniere
„ que ce foit ; que la connoiffance en appartiendra
„ & demeurera en icelle notredite Chambre, pour
„ y être jugées & décidées par Arrêt. ... Avons
„ interdit & défendu à toutes nos Cours fouverai-
„ nes & tous autres de rien entreprendre ; leur in-
„ terdifant toute cour, jurifdiction & connoiffance.

Le Parlement nous objectera-t-il que c'eft une Loi
étrangere ? Nous lui oppoferons la généralité du principe, fur lequel le Légiflateur fe fonde dans cette déclaration. Ce n'eft point un privilége accordé à la
Chambre des Comptes de Paris ; c'eft une conféquence naturelle tirée d'un droit commun ; ici le
motif de la Loi précéde immédiatement fa difpofition,
& ce motif s'applique à tous les Tribunaux fupérieurs.
Après avoir, dit la Déclaration de 1550, *eu fur ce
l'avis & la délibération des Gens de notre Confeil, &
confidéré la conféquence de telles & femblables matieres, defquelles la connoiffance appartient & doit appar-*

R ij

*tenir à nos Juges DE COUR SOUVERAINE, desquelles
lesdites injures se font, & autres troubles & différents
qui y surviennent; aussi qu'il n'est raisonnable ni
décent, qu'autres en ayent la connoissance ou jurisdiction ; joint que si telles matieres étoient distraites
& traitées ailleurs, pourroient être cause de la distra-
ction du service ordinaire que nous doivent nosdits
Officiers en nosdites Cours souveraines.*

Voilà, dans le langage du quinzieme siecle, une
vérité de tous les âges de notre Monarchie ; voilà
ce qui rend la Loi universelle & immuable, la raison de la Loi même : ici le Législateur n'a point en
vue la Chambre des Comptes de Paris ; il parle
pour tous les Tribunaux, il consulte la justice,
l'ordre, la décence ; c'est son pouvoir qu'il veut
rendre respectable, en quelques mains qu'il en re-
mette l'exercice.

La plupart des Chambres des Comptes du Royaume n'ont donc pas eu besoin de Loix particulieres
qui leur assurassent le droit de réprimer l'injure qui
attaque leur dignité ; il leur suffisoit qu'elles fussent
Cours supérieures, pour qu'elles jouissent du pouvoir d'armer les Loix en faveur de leur dignité :
ce pouvoir est essentiel à tous les Tribunaux dépo-
sitaires de l'autorité souveraine ; ils sont autorisés à
se rendre justice à eux-mêmes, parce qu'il n'est aucune Compagnie à qui ils puissent la demander.

Plusieurs Cours des Comptes cependant ont eu

occasion d'obtenir du Législateur un témoignage formel en faveur de cette jurisdiction dont elles étoient déjà en possession. Nous citerons entr'autres la Cour des Comptes de Provence, qui, par une Ordonnance de 1548, a été maintenue dans le droit de connoître, *privativement à tous autres Juges, des injures au contempt des autorités, prérogatives & prééminences de leurs offices & états.* Un Edit de 1555 renouvelle cette disposition ; il attribue à cette même Compagnie, *la pleine & entiere connoissance des injures ou excès commis à la personne de ses Officiers, au contempt ou mépris des prérogatives, autorités, prééminences & droits de leurs offices & états.*

Ce pouvoir qui appartient à toutes les Cours, les Chambres des Comptes & les Cours des Aides l'ont exercé sous les yeux des Parlements, & sans qu'ils aient cru pouvoir s'en plaindre : il est très-différent de cette police générale qui appartient à ceux-ci, & qui a pour objet de maintenir le bon ordre entre tous les citoyens. La police particuliere qu'exercent les autres Cours, se borne à maintenir dans leur sein une sage discipline, au dehors le respect qu'elles doivent inspirer : elle conserve la paix & la dignité des Compagnies ; elle écarte, elle punit l'outrage qui les attaque ; elle poursuit la licence, qui tendroit à exposer leur autorité au mépris.

Ainsi, lorsque les Cours des Comptes & les Cours

des Aides ont ordonné la fuppreffion & la lacération des écrits publiés contr'elles, lorfqu'elles ont
réprimé cette efpece d'indifcrétion, fi commune
depuis quelques années, par laquelle on a vu expofer fous les yeux du public des Arrêtés fecrets, &
des Remontrances que l'on avoit deftinées à avertir
le Souverain, & non à jetter des allarmes parmi fes
peuples ; ces Compagnies n'ont pas cru ufurper une
portion de la police qui appartient aux Parlements ;
& ceux-ci n'ont pas imaginé qu'une Cour, leur
égale en pouvoir, dût venir fe pourvoir devant eux
pour venger fes propres outrages. On a vu la Chambre des Comptes & la Cour des Aides de Paris, non
feulement profcrire des libelles, mais ordonner qu'il
feroit informé contre leurs auteurs & diftributeurs (*a*).
Le premier des Parlements, fous les yeux duquel
ces Arrêts ont été imprimés, publiés, affichés, n'a
pas penfé que ces Cours excédaffent les bornes de
leur pouvoir ; il favoit que les auteurs de ces libelles ou de ces impreffions furtives, étoient devenus, par leur délit, jufticiables du Tribunal dont
ils avoient ou calomnié les intentions, ou révélé les
délibérations.

La Chambre des Comptes de Grenoble feroit-elle

(*a*) Arrêts de la Chambre des Comptes de Paris, des 23 Février 1760,
16 Décembre 1761, 14 Janvier, 16 Juin & 9 Juillet 1762, &c. &c.
Arrêts de la Cour des Aides de la même Ville, des 23 Mars 1753, 10
Mars 1760, 23 Juin & 28 Août 1761, &c. &c.
Voyez en dernier lieu celui par lequel cette Compagnie vient de fup-
primer les exemplaires imprimés de fes Remontrances fur les Tailles.

privée d'un droit commun à toutes les Cours fes
égales ? Le Parlement n'ofera le foutenir, à la vue des
monuments de poffeffion que nous fommes en état
de lui produire. On la voit en 1596, en 1597, en
1600, décréter de prife de corps, & fuivre une
inftruction criminelle contre des coupables. On la
voit le 12 Février 1639 décréter d'ajournement perfonnel un nommé Aymard Planta, pour des difcours
indécents, tenus à l'un de fes Officiers dans l'exercice de fes fonctions. Le 14 Août 1642, elle dé-
crete de prife de corps le fieur de Turgis, dont le
crime étoit d'avoir méprifé fon autorité : le procès
eft inftruit enfuite, & jugé contre lui & fes com-
plices. Le 29 Novembre 1656, autre décret de
prife de corps contre le fieur Bellier, Elu en l'Election
de Vienne, qui fous prétexte qu'il n'étoit comptable
de fa conduite qu'à la Cour des Aides, avoit mal-
traité de paroles un des Officiers de la Chambre des
Comptes. Le 13 Mai 1658, décret de prife de
corps contre un Elu de Valence, pour des difcours
injurieux ; inutilement ces Elus alléguoient-ils qu'ils
n'étoient point foumis à la jurifdiction de la Chambre ;
ils étoient devenus fes jufticiables en l'infultant.

Nous ne citerons point ici, mais nous produirons
encore fous les yeux du Confeil une foule d'Arrêts,
qui prouvent que nous avons toujours été en poffeffion d'inftruire à l'extraordinaire toutes les accufations
qui ont été portées devant nous, & que par confé-

quent nous fommes en droit de juger & de punir tous les délits, dont la connoiffance peut être incidente à notre adminiftration.

Cette police que nous exerçons pour réprimer les injures faites à l'autorité qui nous eft confiée, n'a-t-elle pas été maintenue par le Réglement même de 1691, que nous avons déjà cité avec tant d'avantage dans la premiere Partie de ce Mémoire ? Il ne contient point à cet égard une difpofition expreffe. Il n'y avoit point de Loi nouvelle à faire ; il n'étoit queftion que de maintenir l'exercice d'un pouvoir effentiel à notre adminiftration, & voici comment il le fut.

Le nommé Margaillan, Notaire, avoit infulté un des Officiers de la Chambre des Comptes dans l'exercice de fes fonctions. La Chambre avoit commencé fon procès, & le Parlement ne s'étoit pas cru en droit de lui contefter directement fon pouvoir ; mais pour fouftraire le coupable à fon autorité, il avoit lui-même fait des procédures contre lui, & prétendoit continuer le procès, dont l'accufé craignoit moins l'iffue devant lui que devant la Chambre. Les droits & la compétence de l'une & de l'autre Cour furent examinés dans l'inftance terminée par le Réglement de 1691 ; & voici comment fut jugé le conflit qui intéreffoit ce Notaire : » Et en ce qui concerne Margaillan Notaire, porte » l'art. 45, fans s'arrêter aux procédures & Arrêts » dudit Parlement concernant ledit Margaillan, » Sa

» Sa Majefté ordonne que les Arrêts de ladite
» Chambre des Comptes feront exécutés felon leur
» forme & teneur, & en conféquence que le procès
» criminel commencé contre ledit Margaillan, fera
» fait & parfait par ladite Chambre, jufqu'à juge-
» ment définitif exclufivement, qui fera rendu en
» la forme de l'Ordonnance ; à l'effet de quoi fera
» tenu ledit Margaillan de fe repréfenter aux pre-
» mieres affignations qui lui feront données.

Il eft donc bien clairement décidé par un Réglement qui fait la Loi commune des deux Compagnies,
que la Chambre des Comptes a une véritable jurifdiction pour punir les délits commis contre l'honneur
du Tribunal, ou contre la dignité de fes Membres.

Le Parlement, forcé de convenir de la thefe générale, fe retranchera-t-il fur les circonftances particulieres, & niera-t-il l'application du principe dont
il ne peut nier la vérité ?

Pour juftifier les Arrêts qu'il a rendus, il ne dira
point fans doute, que Reguis n'étoit point coupable, & que fon ouvrage n'étoit point un libelle ; car
il ne s'agit point ici de favoir fi cet Avocat a infulté
la Chambre des Comptes, mais fi, en fuppofant l'infulte, nous fommes compétents pour la punir : car
fi cette derniere propofition eft une fois établie,
ce n'eft point au Parlement à réformer nos Arrêts.
Il n'eft point Juge d'appel : auffi fe borne-t-il à foutenir notre incompétence.

S

Or cette incompétence, si on prétend l'établir sur des circonstances, il faut qu'elles soient tirées ou de la personne de l'accusé, ou de la nature de son délit, ou de la maniere dont nous avons prononcé.

Le Parlement soutiendra-t-il que le sieur Reguis étant Avocat, n'est justiciable que de lui ? Cette prétention seroit trop déraisonnable, pour être sérieu sement réfutée.

Tirera-t-il ses moyens de la nature du délit ? Dira-t-il que c'est un abus des fonctions que cet Avocat remplissoit auprès du Parlement ; que cette Cour seule devoit & pouvoit par conséquent juger s'il avoit passé les bornes de la liberté attachée à sa profession, & que la Chambre des Comptes ne pouvoit, par un jugement prématuré, proscrire une Requête qui ne lui étoit point adressée ?

Ce raisonnement paroit plus spécieux, mais il n'est pas plus solide : & comme il est fondé sur un fait, c'est aussi par un fait qu'il faut le réfuter. Nous convenons qu'un Avocat, ou un Procureur qui dans l'exercice de ses fonctions intérieures, desti-nées à la seule instruction du Tribunal, se permet-troit la licence des calomnies ou le scandale de la diffamation, n'auroit d'autres Juges que le Tribunal lui-même saisi de l'instance : si donc Reguis n'eût écrit que pour le Parlement, si sa Requête n'eût été que la premiere piece du procès commencé par M. l'Evêque de Die, M. le Procureur Général en la

Chambre, en fuppofant qu'il eût connu l'outrage,
fe fût repofé fur le Parlement du foin de le réparer.

Mais fi l'écrit de Reguis préfenté au Parlement,
eft une Requête, ce même écrit adreffé au public
par l'impreffion, eft un véritable libelle. Or il a été
imprimé & diftribué dans toute la Ville de Grenoble, & il l'a été long-temps avant que d'être mis
comme Requête fous les yeux du Parlement : il a
même été vérifié que l'exemplaire figné *Reguis*, &
diftribué dans toutes les maifons, étoit différent en
plufieurs endroits de la copie mife en forme de
Requête, & fur laquelle il a été prononcé par le
Tribunal. Dans celle-ci on ne parloit qu'à des Juges;
on a craint peut-être de porter trop loin la licence :
dans l'autre on vouloit plaire à la multitude &
amufer la malignité ; on n'a gardé aucunes mefures.

Dès-là ce n'eft plus une Requête préfentée au
Parlement, c'eft un libelle diffamatoire diftribué contre la Chambre des Comptes : elle n'eût jamais profcrit la premiere ; elle a été obligée de févir contre
l'autre. En effet, la forme que donne à fon libelle
le calomniateur qui le publie, n'en change point
la nature ; & l'on fait que c'eft la publicité de l'écrit
licencieux, qui caractérife la diffamation, & met le
Tribunal fouverain qu'il outrage, dans la néceffité
d'armer la févérité des Loix.

Ce fut en partant de ces principes, que le 18 Septembre 1755, le Parlement de Paris décréta d'ajour-

nement perfonnel un Avocat au Confeil , qui dans
une inftance dont le Parlement n'étoit point Juge ,
avoit indécemment déclamé contre un Magiftrat de
cette Compagnie. Le Confeil du Roi pouvoit feul
prononcer fur la conteftation inftruite par ce Mémoire : mais le Parlement fe crut avec raifon Juge
de l'offenfe faite à l'un de fes membres.

En 1762 le Parlement de Bourgogne avoit au
Confeil du Roi une conteftation très-férieufe avec
les Etats de la même Province. Il parut pour ceux-
ci un Mémoire qui fut imputé au Secrétaire Général
des Etats : cet homme étoit autorifé à les défendre ;
mais non feulement il offenfa le Parlement dont il
combattoit les prétentions, il attaqua même la Cour
des Aides de Paris , qui n'étoit pour rien dans le
procès. Cet Ouvrage fut imprimé & publié dans la
Capitale & dans les Provinces. S'il étoit vrai que la
diffamation commife par des Mémoires ou par des
Requêtes dans une inftance , ne pût être punie que
par le Tribunal qui en eft faifi , le Confeil du Roi
eût été feul Juge de celle dont la Cour des Aides
fe plaignit alors. S'il étoit vrai que les Parlements feuls
euffent le droit de réprimer , par voie de police, la
licence des écrits ; l'accufation à laquelle donna lieu le
Mémoire dont nous parlons, n'eût pu être portée que
devant le Parlement de Paris , ou tout au plus devant
celui de Bourgogne. Cependant la Cour des Aides
de Paris reçut la plainte du Procureur Général con-

tre l'efpece de diffamation qui pouvoit l'intéreffer : non
feulement elle inftruifit ce procès fous les yeux du
Parlement de la Capitale ; mais celui de Bourgogne,
après avoir profcrit le Mémoire des Etats, relativement à l'infulte qu'il croyoit en avoir reçue, ordonna
par fon Arrêt du 7 Juin 1762, que les charges
& informations qu'il avoit déjà fait faire, feroient
portées à la Cour des Aides de Paris, afin qu'elle
pût elle-même pourfuivre la réparation de l'outrage
qu'elle en avoit reçu.

Ces Arrêts du Parlement ne furent point caffés
par le Confeil du Roi, parce que le motif de la
caffation n'eût pu être pris que dans le fait, & que
les moyens doivent toujours fe tirer du droit, qui
étoit ici pour la Cour des Aides de Paris. Le Mémoire des Etats devenu une fois public par l'impreffion, foumettoit fon Auteur à la jurifdiction de tous
les Tribunaux contre lefquels il fe permettoit ou des
allégations fauffes, ou une indécente déclamation.

Il en eft de même de l'imprimé auquel Reguis
avoit donné la forme d'une Requête. Le Parlement
fans doute étoit Juge des demandes qu'il contenoit.
Il pouvoit également, par voie de police, le profcrire
comme libelle ; mais le Procureur Général en la
Chambre avoit droit de s'en plaindre comme d'un
délit, & elle étoit même très-compétente pour le
punir.

Cherchera-t-on à juftifier l'entreprife du Parlement

par la nature & les termes de notre Jugement?
Dira-t-on que nous avons exercé un pouvoir de police qui ne nous appartient point ? Cette objection
fera bientôt écartée par une diftinction auffi fimple
que naturelle.

Qu'entend-on par la police ? Ce n'eft autre chofe
que l'ordre que les loix ont voulu faire régner ; &
en partant delà , toute Cour fupérieure , obligée de
veiller au maintien de l'ordre, exerce plus ou moins
ce pouvoir de police, qui ne réfidera jamais exclufivement dans les Parlements , que lorfqu'ils exer-
ceront feuls toute efpece de jurifdiction.

Nous convenons que la police générale leur appartient par la même raifon qu'ils font établis pour
connoitre de toutes les matieres qui n'ont point été
privativement attribuées par nos Rois à certains Tribunaux particuliers. Lors donc que l'on dit qu'ils
ont la jurifdiction univerfelle , tout ce que l'on entend
par-là , c'eft qu'en général ils font les Dépofitaires
& les Miniftres de toutes les Loix dont l'exécution
n'a pas été confiée à d'autres Magiftrats : mais cette
compétence fi étendue fouffre , comme on le voit ,
des exceptions , & n'eft pas tellement exclufive , qu'il
ne puiffe y avoir quelque portion de l'ordre public
dont le Roi ait chargé d'autres Juges. Or pour maintenir cet ordre , il faut bien que ceux-ci exercent
une portion de la police publique qui appartient au
Souverain feul , & dont il diftribue les fonctions
comme il lui plaît.

Un exemple va rendre ceci fenfible : c'eſt certainement à la police publique qu'il appartient de
maintenir l'ordre & la tranquillité dans la perception des impôts. Cependant on n'a jamais difputé
aux Cours des Aides le droit de faire des Réglements généraux, pour prefcrire aux Employés des
Fermes l'ordre qu'ils doivent tenir, pour ne point
abufer de leurs fonctions & ne point vexer les
contribuables.

Voici un exemple plus frappant encore. En général la police qui s'occupe du foin de réprimer la
licence des écrits, appartient au Parlement ; & cependant nous allons voir le Légiflateur juger lui-
même que leur pouvoir à cet égard n'eſt point exclufif. En 1716 différents libelles imprimés paroiſſent
en Normandie ; leur objet eſt d'échauffer les peuples contre la perception des impôts, de leur per-
fuader que M. le Régent va les abolir tous, & de
les exhorter à en refufer le paiement. Ces libelles
pouvoient fans doute être profcrits par le Parlement
de Normandie ; il étoit très-compétent pour en faire
punir les auteurs : mais s'il ne le faifoit pas, ce pouvoir étoit-il interdit à tous les autres Tribunaux ?
La Cour des Comptes de Rouen, à laquelle étoit
jointe la Cour des Aides, connut le tort que ces
libelles pouvoient faire à l'adminiſtration qui lui
étoit confiée ; elle fe regarda avec raifon comme
dépofitaire de l'autorité par laquelle le Roi veille

au recouvrement & au bon ordre de ſes revenus ;
dont quelques mauvais citoyens vouloient arrêter
la perception.

La Chambre des Comptes rendit donc Arrêt le
27 Mai 1716, par lequel non ſeulement elle proſ-
crivit les libelles que l'on avoit malignement répan-
dus dans l'étendue de ſon reſſort ; elle nomma des
Commiſſaires pour informer contre les auteurs &
diſtributeurs. Le procès s'inſtruiſit dans les formes,
& ne demeura interrompu que par l'impoſſibilité où
l'on ſe trouva de découvrir les coupables.

Ce n'eſt pas tout. Par une Déclaration du 24
Juin 1716, le Roi fit l'éloge du zele de ſa Chambre
des Comptes de Rouen, & cita l'Arrêt que nous
venons de rapporter, comme l'accompliſſement d'un
des devoirs les plus ſacrés de cette Compagnie (a).

Ce qui étoit vrai en 1716, a-t-il ceſſé de l'être
depuis dix ans ? Non, le principe eſt toujours le même :
toute Compagnie ſupérieure exerce l'autorité du Roi :
elles ſont donc toutes égales en pouvoir, & la différence n'eſt que dans les objets qui doivent fixer leur
attention, & exciter leur ſurveillance. Lorſqu'elles ne
perdent point de vue ces objets, lorſque l'uſage
qu'elles

____

(a) „ Nous avons été très-ſatisfaits de la conduite qui a été tenue par
„ notre Cour des Comptes, Aides & Finances de Rouen, en rendant un
„ Arrêt du 27 Mai dernier, par lequel elle a député trois Conſeillers pour
„ informer contre l'Auteur d'un libelle tendant à ſedition, & contre le
„ Colporteur, & a fait défenſes à toutes ſortes de perſonnes de l'imprimer,
„ vendre & débiter, de méſdire ni médire, &c. à peine de 50 l. d'amende,
„ même de peine corporelle s'il y échoit. „ Déclaration du 24 Juin 1716.

qu'elles font de leur jurifdiction ne tend qu'à faire refpecter les Loix dont l'exécution leur eft confiée, rien ne peut ni arrêter ni fufpendre l'exercice de leur puiffance. Peu importe alors le nom qu'on lui donnera ; il s'appellera police , adminiftration , jurifdiction ; nous n'avons point à difputer fur les termes. Mais toutes les fois que comptables au Roi de la garde & de l'action de certaines loix, ces Compagnies feront en état de lui prouver que ce qu'elles ont ou ordonné ou réglé , ou jugé , étoit indifpenfablement néceffaire pour les maintenir ; elles le convaincront également qu'elles ne font point forties des bornes de leur compétence.

A quoi fe réduit donc la queftion que le Parlement a élevée par fon Arrêt du 6 Septembre 1766 ? à favoir fi la Chambre des Comptes a pu régulierement profcrire un libelle publié contre elle, & fi la punition qu'elle a prononcée contre l'Auteur eft une entreprife fur les droits du Parlement.

La premiere de ces deux queftions ne fouffre pas la moindre difficulté. Nous avons pour nous & les principes & l'exemple de toutes les Compagnies. Il n'en eft aucune qui attaquée & outragée par un écrit public , n'ait le droit de condamner l'ouvrage.

Quant à l'Auteur, voici la conduite que la Chambre a tenue avec lui. 1.° Elle l'a mandé , parce qu'elle n'a pas voulu le juger fans avoir appris de lui-même s'il avouoit ou defavouoit l'écrit publié

T

fous fon nom. En avoit-elle le droit ? Il faut ou lui
refufer le pouvoir de punir, ou convenir qu'elle doit
employer toutes les formes qui tendent, & à faire
connoitre le coupable, & à mettre l'accufé en état
de fe défendre : elle pouvoit le décréter, donc elle
pouvoit à plus forte raifon lui enjoindre de venir.
2.°. Reguis averti, refufe de donner cette preuve de
refpeâ & d'obéiffance à une Cour fupérieure qu'il
a infultée. Son refus, joint à la notoriété publique,
devient une preuve fuffifante du délit, & la Cour
prononce la peine.

Cette peine étoit-elle trop forte ? L'accufé préten-
droit-il que l'on n'a pas rempli à fon égard toutes
les formalités qui devoient précéder le jugement ?
Ce ne font point ces queftions qui font foumifes à la
décifion du Confeil : le coupable peut fe préfenter, il
eft encore le maitre de fe juftifier devant nous, s'il a
des raifons à nous donner ; il pourroit même fe
pourvoir au Confeil, s'il ne lui reftoit aucune autre
reffource contre une procédure irréguliere : ici il ne
s'agit que de la compétence. Avons-nous pu févir
contre l'ouvrage, avons-nous pu mulâer l'auteur ?
Sur cette queftion nous avons le droit commun &
l'exemple de tous les Tribunaux.

Au refte quelle eft même cette peine que nous
avons prononcée ? Nous avons interdit Reguis des
fonâions qu'il exerçoit chez nous. L'ufage eft, nous
le favons, que les Avocats reçoivent leur miffion

du Parlement. La confiance de cette Compagnie leur fert de titre auprès de toutes les autres. Rien de plus jufte que cette déférence ; mais les Avocats ayant une fois prêté ferment au Parlement, ne doivent-ils rien aux autres Tribunaux qui les admettent à leurs audiences, & qui depuis longtemps font accoutumés à eftimer également & leurs talents & l'ufage qu'ils en font ? Le Parlement croit-il qu'il puifle forcer une Compagnie à entendre patiemment un Avocat qui a oté l'infulter ? Mais fi fon pouvoir ne va pas jufques-là, que fignifie l'Arrêt du Parlement de Grenoble qui rétablit Reguis dans l'intégrité de fon état ? Si l'explication de cette difpofition fe trouve dans celle qui fuit, fi le Parlement n'a voulu que le *maintenir dans le droit d'exercer fa profeffion devant lui, & dans toute l'étendue de fon reffort*, fon Arrêt étoit inutile ; car nous n'avons interdit Reguis d'aucune des fonctions que nous n'avions ni droit ni intérêt de furveiller. Nous ne fuppoferons pas que le Parlement ait rangé la Chambre des Comptes au nombre des jurifdictions qui font de fon reffort. Mais fi dans l'intégrité de l'état de Reguis, le Parlement comprenoit le droit de plaider devant nous, fon Arrêt, nous ofons l'affurer, feroit encore plus inutile.

Nous dirons la même chofe de la déchéance des privileges accordés par la Chambre aux Avocats Confiftoriaux. Il eft évident que le Tribunal fou-

verain qui les accorde , peut également en refufer
l'ufage. Le Parlement ne peut à cet égard ni gêner ,
ni limiter le pouvoir de la Chambre.

Quant à l'aumône de 50 liv. à laquelle Reguis
a été condamné , elle eſt la peine du refus indécent
qu'il a fait de paroître devant une Cour ſouveraine
qui étoit en droit de le mander ; ſi elle a eu le pouvoir de l'obliger à paroître devant elle , elle a eu
également celui de mulêter le refus. On pourroit à
cet égard citer l'exemple de toutes les Cours : mais
encore une fois , ceci tendroit à juſtifier notre procédure , & il n'eſt queſtion que d'établir notre compétence : c'eſt elle qui a été attaquée par l'Arrêt du
6 Septembre , qui décharge Reguis des condamnations prononcées contre lui. En effet ſi le Parlement
a prétendu en avoir le droit , ce n'eſt point comme
Juge du bien ou du mal jugé de nos Arrêts ; il nous
a regardés comme incompétents pour prononcer ſur
le fort d'un libelle dont le manuſcrit étoit une
Requête.

Nous avons déjà réfuté ce prétexte ; l'exemple
du Parlement de Bourgogne ſéviſſant contre un imprimé , & invitant pour ainſi dire la Cour des Aides
de Paris à faire le procès , & à l'ouvrage & à ſon
auteur ; le Parlement de Paris puniſſant un Avocat
au Conſeil de la diffamation qu'il s'étoit permiſe
contre un Magiſtrat , dans les Mémoires publics dont
le manuſcrit n'avoit été deſtiné qu'à inſtruire le Con-

feil du Roi ; une foule d'autres exemples que nous pourrions citer encore, doivent avoir fuffifamment juftifié, & le titre de notre pouvoir, & l'ufage que nous en avons fait.

Nous en avons trop dit, fans doute, fur une queftion qui doit paroître fi peu intéreffante, à la fuite de celle que nous avons traitée dans la première partie de ce Mémoire. Mais rien n'eft petit fous les yeux du Légiflateur ; fa juftice s'étend à tout : c'eft en réprimant les plus légeres entreprifes, que l'on en prévient de plus importantes, & que l'on affermit ces chaînes précieufes qui attachent tous les ordres de l'Etat à leurs devoirs. Miniftres de la Juftice, quand pourrons-nous fans défiance, fans inquiétude, fans ambition, nous attacher uniquement à faire refpecter des peuples cette portion d'autorité qui nous fut confiée pour leur bonheur ! Quand nous lafferons-nous d'effayer les uns contre les autres, des forces qui ne nous furent données que pour maintenir l'ordre par leur équilibre, & la paix par leur réunion ? Quel bien ont produit ces rivalités funeftes ? Eft-ce du temple de la Juftice que la difcorde doit partir pour défoler la terre ? Au milieu de difputes fi triftes, que la faveur du moins foit pour le Tribunal qui eft obligé de repouffer l'attaque & qui ne fe l'eft jamais permife ! Nous n'avons rien contefté au Parlement, nous n'avons pas fait un pas fur fon domaine : nous ne lui avons point difputé l'autorité qu'il avoit de juger les conteftations que l'Evêque de Die a portées devant lui. Mais foixante Terres fortoient de deffous la mouvance du Roi , dont nous fommes gardiens, du moins folidairement avec le Parlement. Avons-nous dù les laiffer échapper ? Etoit-ce là le cas de négliger cette jurifdiction dont nous fommes comptables au Souverain ? Et c'eft dans le moment que nous en faifons un ufage fi louable & fi nécef-faire , qu'elle eft attaquée avec éclat ! Nous pou-vons négliger nos prétentions : les droits du Roi font un dépôt facré , que nous ne pouvons trahir fans crime. Que le Parlement vante fon autorité ; nous la refpecterons fans doute : mais il eft encore quelque chofe de plus refpectable pour nous, celle de nos devoirs ; ils ne peuvent céder , ils font in-fléxibles comme la Loi qui nous les a prefcrits.

LESPINACE , *Avocat Général en la Chambre des Comptes de Dauphiné , & fon Député.*

Imprimé en France
FROC021815210120
23239FR00022B/377/P

9 782329 358697